탁월한 선택을 위한 40가지 통찰

판단력 수업

탁월한 선택을 위한 40가지 통찰
판단력 수업

발 행 일 2023년 12월 1일 초판 1쇄 발행
지 은 이 이석연, 정계섭
발 행 인 김병석
편   집 노지호, 신동민, 진주영
마 케 팅 윤주경
발 행 처 한국표준협회미디어
출 판 등 록 2004년 12월 23일(제2009-26호.)
주   소 서울시 강남구 테헤란로69길 5, 3층(삼성동)
전   화 02-6240-4890
팩   스 02-6240-4949
홈 페 이 지 www.ksam.co.kr

KSAM 출판자문위원회
이석연 법무법인 서울 대표변호사, 헌법학자(前 법제처장)
이유재 서울대학교 경영대학 석좌교수
신완선 성균관대학교 시스템경영공학부 교수
표현명 한국타이어앤테크놀로지 사외이사(前 KT, 롯데렌탈 대표이사 사장)
배경록 前 씨네21 대표
한경준 前 한국경제신문 한경BP 대표이사
강명수 한국표준협회 회장(당연직)

ISBN 979-11-6010-066-2 03320
정가 18,000원

탁월한 선택을 위한 40가지 통찰

판단력 수업

이석연, 정계섭 지음

합리적 지성의 헌법학자와 언어학자 제언

**비즈니스, 정책수립, 투자, 취업 등
의사 결정에서 실패를 이기는 법**

KSAM

목
차

제3장. 지혜로운 의사결정 효과

제4장. 우연과 필연에 대한 통찰

제5장. 우리 사회의 오류와 편견 (한국병 진단)

맺는말

책머리에

　　매일 매일 우리의 삶이란 크든 작든 간에 끊임없는 선택과 결정의 과정이다. 집을 사야 할지 전세를 들어야 할지, 어떤 자동차를 사야 할지, 사돈 생일선물을 뭐로 해야 할지(주고도 욕먹는 수가 많다), 친구 내외를 어느 음식점에 초대해야 할지, 어느 주식을 사고 어느 시점에서 팔아야 할지, 오늘 데이트 장소를 어디로 해야 할지, 선거철에 누구를 찍어야 할지 등등.

　이런 문제들은 우리로 하여금 숙고하지 않을 수 없게 만든다. 그래서 인터넷 정보나 친구들의 조언에 의존하지만 좋은 결과가 항상 보장되는 것은 아니다. 왜 그러한가?

　그것은 대부분의 선택이 직관과 개인적 믿음 그리고 부분적인 지식 등 요컨대 '제한된 합리성'에 의존하기 때문이다. 이를 통칭

해서 '휴리스틱heuristic'이라고 부른다. 그러니까 휴리스틱이란 고정 관념과 제한된 정보에 기초한 직관적 판단으로서 당면한 문제를 처리하는 정신적 지름길이라고 볼 수 있다.

휴리스틱에 의존하는 것은 자연스런 일이다. 문제는 휴리스틱의 적용 결과가 부정적일 때이다.[1] 이 잘못된 결과가 '편향bias'이다. 편향이란 말 그대로 '한쪽으로 치우치는' 인지적 함정을 의미한다.

아무리 논리적으로 타당하더라도 기분이 내키지 않으면 사람들은 필요한 조치를 취하지 않는다. 이를 "감정은 논리를 우회 통과한다Emotion bypasses logic"라고 한다. 이성보다는 감정이 행동을 제압한다는 말이다. 아리스토텔레스가 말한 '이성적 동물'은 반半만 맞는 말이다.

그래서 때때로 '멍청한' 선택이나 결정을 하게 되는 것이다. '비이성적'이라고 말하는 것은 지나칠 터이고, '제한된 합리성'에 의해 행동한다고 말하는 것이 보다 합당할 것이다. 바로 이 점을 꿰뚫어 본 것이 '행동경제학behavioral economics'이라는 분야다.

행동경제학은 복잡하나 정확한 알고리즘보다는 부정확하지만 간편한 휴리스틱 개념을 선호한다. 하지만 행동경제학은 일반 대중과는 아직은 거리가 멀다.

---

1   휴리스틱의 반대말은 알고리즘(algorithm)이다. 알고리즘은 문제를 푸는 기계적 절차이므로 실수하는 법이 없다.

이 책은 《넛지》[2]를 위시하여 기존에 출판된 행동경제학 관련 저술들을 비판적으로 검토한 결과물이다.[3]

그러나 기존의 저서에 나온 내용들을 답습하지 않고 우리 자신만의 문체로, 우리만의 사례를 중심으로 쓸 수 있다는 자신감이 생겼다. 벌이 꽃의 단 즙을 채취하여 자신의 분비물과 섞어 꿀을 만들 듯이 말이다. 바로 이 책을 집필한 동기다.

경제 행위에서 잘못된 선택을 다루는 행동경제학의 취지에는 공감하면서도 우리는 무언가 욕구불만을 느끼지 않을 수 없었다. 삶의 다른 분야에서도 인간은 실수투성이가 아닌가.[4] 사람은 빵만으로는 살 수 없다. 이런 연유로 법률가와 언어학자로서 우리는 행동경제학을 넘어 논의를 인지적 오류 전반에 걸쳐 확장하고, 이 기회에 우리 사회에 만연하는 병폐들한국병도 진단하고자 하였다. 그리하여 행동경제학을 넘어 흔히 인간이 저지르면서도 간과하기 쉬운 가장 보편적인 오류들을 추가하였다. 여기에서 제시된

2　리처드 탈러&캐스 선스타인, 《넛지(똑똑한 선택을 이끄는 부드러운 힘)》, 리더스북, 2009. '넛지'는 원래 '팔꿈치로 슬쩍 찌르다'는 뜻으로, 저자들은 이 책에서 '타인의 선택을 유도하는 부드러운 개입'이란 의미로 이 단어를 사용했다. 금지와 강압이 아닌 부드러운 권유로 사람들의 바른 선택을 돕는다는 것이다. 대표적인 사례로 네델란드 암스테르담 공항에서 남자 화장실 소변기에 인조 파리를 붙여놓았더니 밖으로 새는 양이 80%나 줄었다고 한다.

3　《생각에 대한 생각》, 《올바른 결정은 어떻게 하는가》, 《똑똑한 사람들의 멍청한 선택》, 《착각의 심리학》 등등.

4　아인슈타인은 두 가지 무한에 대해 언급하는데, 우리의 무한과 무한한 인간의 어리석음이 그것이다.

오류들을 제대로 인식하고 활용할 수 있다면 삶에서 적지 않은 장애물을 피할 수 있게 되고, 결과적으로 인생은 보다 더 풍요로워질 것으로 믿는다.

알렝 뻬이레휏Alain Peyrefitte [5]이 1976년 출간한 《프랑스병Le Mal francais》은 우리에게 큰 반향을 일으켰다. 이 책에서 저자는 프랑스의 옹졸한 행정규칙[6], 과도한 관료주의 그리고 특히 프랑스 사회의 '신뢰의 결핍'에 대해 분석하고 행정적, 정치적, 사회적 차원에서 근본적인 개혁을 촉구한다. 우리가 보기에 한국병은 '프랑스병'[7]보다 훨씬 더 위중하다. 가짜뉴스가 양산되고, 이중잣대가 성행한다. 진영논리는 앞으로 보게 될 확증편향의 끝판왕이다. 그리고 정책 수립에서 기회비용을 간과하는 것은 다이아몬드 광산에서 돌멩이를 줍는 꼴이다. 미래 세대에 부담을 주는 포퓰리즘은 일종의 도둑질이다. 이 고질병들을 고치지 않고서는 결코 선진사회 대열에 진입할 수 없을 것이다.

---

5   Alain Peyrefitte(1925~1999), 프랑스 한림원 회원, 상원 의원.

6   은행구좌를 처음 열려면 거주증명서가 필요하다. 이것을 만들려면 집이나 숙소가 있어야 한다. 그런데 숙소를 구하려면 은행구좌가 있어야 한다! 외국인에게 프랑스 행정은 이해되지 않는 구석이 많다.

7   정치적으로는 900명이 넘는 국회의원이 국리민복에 직결되는 법안을 제때 처리하지 못하고, 경제적으로는 국가의 지나친 개입으로 시장경제가 위축되고, 소수의 강성노조가 건전한 노사관계를 방해하는 등 저자들이 보기에도 프랑스병은 중환자 수준이다. 최근 마크롱 대통령이 헌법의 특별조항을 발동해 단행한 연금개혁은 이러한 고질적인 프랑스병을 타파하기 위한 결단이었다.

이 책은 전문학술서라기보다는 일종의 매뉴얼에 가깝다. 고속 사회에 사는 요즘 사람들은 많은 시간을 투자해서 책을 읽는데 버거움을 느낀다. 작은 책도 큰 책이 할 수 있는 일을 할 수 있다. 그래서 이 책은 KTX나 SRT 열차 안에서 두세 시간 내에 다 읽고 내용을 충분히 이해할 수 있는 분량으로 군더더기를 제외하고 핵심만을 소개했다. 건전한 의사결정을 위한 탁월한 선택의 기술을 제시하고자 했다.

보통 대학에서 시험문제를 낼 때 가우스분포곡선Gaussian distribution curve[8]을 염두에 두고 출제한다. 우리는 이 책을 쓰면서 이 분포를 염두에 두었다. 다른 사람이 쓴 책을 100% 이해한다는 것은 쉽지 않은 일이다. 여기에서 취급된 주제 중 '도박사의 직관'이나 '검증 편향'은 가장 오른쪽에 속한다. 혹시 이해가 안 되더라도 세상 사는데 별 지장은 없을 것이니 너무 속상해하지 말기 바란다.

살아가면서 결과가 좋을 것으로 예상해서 내린 선택 내지 결정이 실망스런 경우를 겪어 본 사람들은 이 책에서 그 이유와 원인을 찾아, 보다 넓은 안목을 얻을 수 있게 되기를 바란다.

2023년 9월
저자 **이석연** 쓰다

---

[8] 정규분포(normal distribution)라고도 한다. 평균값을 중앙으로 하여 좌우대칭인 종 모양의 곡선.

이 책은 저자 이석연과 정계섭이 기획하였으며 토론 결과와 수집한 자료를 토대로 완성한 초고를 정리해 가던 중 2022년 초 저자 정계섭이 갑자기 세상을 떠났다.

전공과 연령, 처했던 환경을 초월하여 20년 넘게 오랜 교분을 나눴던 나로서는 망연자실했다. 코로나19가 풀릴 때 부부 동반으로 프랑스 일주 계획을 세워놓기도 했었는데….

그 후 근 1년간 손을 놓고 있다가 다시 초고를 꼼꼼히 들여다보면서 수정·보완하여 이제야 세상에 내놓게 되었다. 저자 정계섭에게는 유작이 된 셈이다. 삼가 고인의 영면을 기원한다.

판단력 수업

인간은 그리 합리적인 존재가 아니다.
데카르트는 모든 사람이 이성을 공유한다고 말했지만,
실은 모든 사람은 어리석음을 공유한다고
말하는 편이 보다 진실에 가까울지 모른다.

제1장

올바른
의사결정을 방해하는
귀납편향

판단력 수업

●

1. 정황증거에 의한 성급한 일반화

야, 이 뱀놈아[1]

       가장 잘 알려진 오류인데도 가장 흔하게 저지르는 오류로서, 개별적으로 관찰한 사실을 보편타당한 원리로 결론짓는 경향이다. 보통 정황증거circumstantial evidence를 판단의 근거로 삼는데 정확성이 떨어진다. 범죄사실을 직접 목격해서 얻은 증거가 아니라, 간접적으로 추측하게 만드는 상황, 예컨대 피살자 옆에 연기가 나는 권총을 들고 있는 사람을 살인자로 본다면, 이는 정황증거에 의한 것이다. 형사사건의 많은 부분이 정황증거에 의하여 재판에 넘겨지고 유죄판결 역시 정황증거에 근거하여 이루어지고

---

[1] 루이스 캐럴의 《이상한 나라의 앨리스》에 나오는 한 구절이다. 앨리스의 목이 엄청 길어져 나무 꼭대기에 이르자, 알을 지키고 있던 비둘기가 앨리스에게 던진 말이다. '긴 목'이 바로 우리가 여기에서 말하는 정황증거다.

있는 실정이다. 심히 우려할 만하다.

형사소송법 307조는 증거에 대해 다음과 같이 규정하고 있다.

사실의 인정은 증거에 의하여야 한다.
범죄사실의 인정은 합리적인 의심이 없는 정도의 증명에 이르러야 한다.

이렇게 증거에 대하여 명확한 정의를 내림으로써 증거재판주의를 만천하에 선언하고 있다. 요즘 세간에서 들리는 '묵시적 청탁'이니 '경제공동체'니 하는 것은 심증이지 물증이 아니다. 모호한 부분에 대해서는 피고인에게 유리하게 해석하는 것이 법의 정신이다. 100명의 범인을 놓치더라도 한 사람이라도 억울하게 범인으로 만들지 말라고 하지 않던가.

그 누구나 성급한 일반화의 피해자가 될 수 있다. 저자정계섭가 초등학교 3학년 시절, 때는 겨울이었다. 운수가 나쁘려니까 그날따라 지각을 했다. 추위를 피할 요량으로 학교 매점에 들어가 난로가에서 불을 쬐고 교실로 갔다. 얼마 안 되어 난리가 났다. 조금 전에 있었던 매점에서 학부형이 돈을 잃어버렸다는 것이다. 담임이 여선생님이었는데 나를 무척 아껴주셨다. 1학기 통신표에 "명랑 쾌활한 계섭입니다. 많이 칭찬하여 주십시오."라고 쓰신 선생님이다. 그런 선생님이 나를 불러내 뺨을 때렸다. 나는 너무 당황하고 곤혹스러워 얼굴이 빨개져가지고 그저 울기만 했다.[2] 나중에 돈을 찾았다는 소식을 들었지만 이미 나는 도둑놈으로 낙인이 찍힌 후였다.

성급한 일반화는 사람들이 가장 흔하게 저지르는 오류다. 보통 '장님 코끼리 만지기'로 비유되곤 하는데 자기가 만진 게 전부인 양 부족한 근거로 억지 결론을 내려서 생기는 오류이다. 그래서 개별적인 사례에서 원칙을 도출하는 귀납법과 유추類推와도 관련된다. 앞으로 다룰 대표성편향〈제2장 7〉도 성급한 일반화의 범주에 들어간다.

과학에서 일반화는 필요불가결하다. 문제는 제한된 정보, 불충분한 자료, 대표성이 결여된 표본 등에 근거를 두고 성급하게 일반화하는데 있다.

2 　법조인으로서 저자(이석연)는 거짓말탐지기의 증거능력을 신뢰하지 않는다. 심성이 여린 사람이 더구나 어린아이가 도둑으로 몰릴 때 맥박과 혈압이 정상적으로 작동할 수는 없다(마치 집에서 잴 때는 정상에 가깝던 혈압이 의사 앞에서는 오르는 것과 같다). 심지어 얼굴이 빨개지는 것까지도 유력한 정황증거가 된다.

2. 이용가능성편향
우선 쓰고 보자

availability의 형용사 available구할 수 있는, 이용할 수 있는이란 단어를 알면, 이 개념을 어렵지 않게 이해할 수 있다. 일부러 찾기보다는 당장 주변에서 손쉽게 구할 수 있는 것을 가져다 쓰는 이용가능성(가용성)을 말한다.

정보가 폭증하다 보면 소화하기가 버거워지니까 결국 우리의 기존 틀에 들어맞는 정보를 선호하기 십상이다. 인간은 모든 정보를 동시에 처리하지 못하는 제한된 인지능력을 지니고 있다. 그래서 여러 정보를 골고루 탐색하는 것이 아니라 현재 상태에서 우선적으로 손에 잡히는 정보만을 토대로 판단이나 결정을 한다. 여기에서 가용성이란 사실 '기억의 용이성'과 같은 말이다. 즉 당장 머릿속에 잘 떠오르는 것에 의존하게 된다는 말이다.

이처럼 익숙한 자신의 경험이나, 수월하게 떠올릴 수 있는 데이터나 처방으로 문제해결에 임하게 되면 위험이 따를 수도 있다. 왜냐하면 애쓰지 않고 떠오르는 해결책이 현실 문제에 언제나 딱 맞아떨어지는 것은 아니기 때문이다.

가용성편향은 오류라기보다는 불가피한 선택이다. 그래서 가용한 지식의 한계와 유효한 조건을 검토하는 노력이 필요하다.

부부싸움을 하는 이유 중 하나는 자신이 파트너보다 가정에 훨씬 더 기여한다고 생각하는 데서 기인한다. '당신이 가사에 기여하는 비율이 얼마나 된다고 보는가?'라는 질문을 던질 때 남편들은 하나같이 크게 기여한 것으로 생각한다. 바로 가용성편향 때문인데, 아내가 한 일보다는 자신이 한 일이 머릿속에 훨씬 더 쉽게 '폭포수처럼' 떠오르기 때문이다.

이런 일은 직장에서도 마찬가지이다. 누구나 자신이 조직에 가장 헌신한다고 생각하는데, 경쟁자들이 한 일은 일부러 관심을 갖지 않는 한 머리에 떠오르지 않기 때문이다.

이어지는 '사후판단편향'은 이용가능성 휴리스틱에 의해 발생한다. 어떤 일을 한번 겪어보고 나서 이를 재료 삼아 내리는 판단이기 때문이다.

3. 사후판단편향
내 그럴 줄 알았다니까

　　토마스 헨리 헉슬리는 찰스 다윈의 《종의 기원》을 보고 나서, "이렇게 간단한 생각을 지금껏 하지 못했다니, 나는 얼마나 멍청한가!"라고 탄식하였다고 한다. 이렇듯 사후판단편향이란 어떤 일이 발생한 후에, 마치 그 사건을 진작부터 다 꿰뚫어보고 있었던 것처럼, "내 그럴 줄 알았지I knew it would happen"라고 생각하는 것을 의미한다. 사고가 발생하고 나서야 간과된 부분을 지적하며 '예고된 인재人災'라고 비난하는 것은 이른바 전문가들이라 불리는 사람들의 전매특허이다.

3　George Veillant(1934~), 가장 존경받는 정신과 전문의이자 자기계발 연구의 대가. 그의 저서 《행복의 조건》은 배경과 능력이 다른 724명의 남자와 여자를 60년 이상 연구대상으로 관찰하여, 성공하거나 실패한 삶을 분석한 내용이다. 인생에서 고통은 피할 수 없는 것이므로 행복하기 위해서는 '고통에 대한 성숙한 방어기제'를 갖출 것을 조언한다.

조지 베일런트_{George Vaillant}[3]는 이렇게 말한다.

"애벌레가 나비가 되고 나면, 자신은 처음부터 작은 나비였다고 주장하게 된다. 성숙의 과정이 모두를 거짓말쟁이로 만들어버리는 것이다."

그 누구도 '금융위기'에 대해 예언한 사람은 없었다. 그러나 그 결과를 다 보고 난 뒤에 "자신은 그렇게 될 줄 알았다"고 주장하고 싶은 유혹에 빠지는 경제학자가 있게 마련이다.

역사학자들은 역사적으로 유명한 전투의 진행과정을 설명하면서 자신이 현장에 있었다면 그럴 리가 없을 것처럼 지휘관의 잘잘못을 낱낱이 따지면서 지혜를 과시한다.

사람들의 삶에 큰 영향을 미치는 의료사고의 경우는 어떠한가. 살릴 수도 있었는데 잘못된 판단이나 실수로 사람을 죽였다고 소송을 거는 의료분쟁은 앞으로도 끊이지 않을 것이다.

일반적으로 재판을 받는 피고는 그들의 행위가 면밀한 조사의 대상이 되므로 매우 불리한 처지에 놓이게 된다. "피고인은 충분히 불행한 사태를 막을 수 있음에도 불구하고…"라 판단되어 중형에 처해질 수도 있기 때문이다.

'후회 없는 삶'이 쉽지 않은 것은 인간은 누구나 실수하기 마련이기 때문이다. "그때 이렇게 할걸, 저렇게 할걸, 하지 말아야 했을 걸"처럼, 우리네 인생은 '걸걸걸!'로 점철된 것이 아닐까.

나중에 자책할 만큼 건성으로 생각하고 설렁설렁 결정을 내리면 사후판단편향은 더욱 악화된다. 예를 들어, 지인의 청탁이나 부탁을 받고 실천할 때, 걸리는 시간과 어려움을 예상하지 못해 나중에 쩔쩔매는 것도 그런 경우다.

사후판단편향은 자기가 훌륭한 예언자라고 믿게 만들기 때문에 위험하다. 이런 일은 특히 총선이나 대선 직후 언론의 행태에서 여실히 드러난다. 선거 결과에 대해 논평하면서 "절묘한 선택"이라는 것이다.

4. 생존편향

<u>요즘 치맥집이 잘 된대</u>

2차 세계대전 당시 미군은 전투기 격추율을 줄이기 위해 전투에서 살아 돌아온 전투기들의 탄환 흔적을 분석한 결과 사진처럼 날개, 몸통, 꼬리 순으로 총격을 많이 받았다.

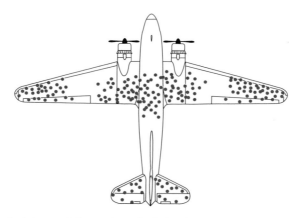

전문가들은 그래서 그 부분의 방탄 성능을 보강하는 계획을 세

운다. 그러나 연구에 참여한 컬럼비아대 통계학 교수 아브라함 발드_{Abraham Wald, 1902~1950}는 탄흔이 적은 조종석과 엔진_{프로펠러}을 보강해야 한다는 역발상적인 주장을 했다. 공중전에 대해 전문가인 군 장성들이 보지 못한 것을 그는 어떻게 볼 수 있었을까?

그것은 그가 수학적으로 접근했기 때문이다.

수학자들은 항상 '어떤 가정에서 출발했는가? 그 가정은 옳은가?'라고 자문한다. 군 장성들은 자신들도 모르게 살아 돌아온 비행기들이 전체 비행기에서 무작위로 추출된 표본이라는 가정을 품고 있었다. 즉, 기지로 복귀한 비행기의 총알구멍 분포가 모든 비행기들의 총알구멍 분포를 대표한다고 보았던 것이다. 과연 그러한가?

그들은 우리가 '대표성편향'〈제2장 7〉에서 살펴볼 표본편향의 오류를 범한 것이다. 그들의 가정은 틀렸다. 생존률과 총알구멍의 위치는 서로 상관관계〈제4장 2〉에 있다. 날개와 몸통, 꼬리에 총알을 맞은 전투기는 그나마 돌아올 수 있었으나 조종석과 엔진에 맞으면 치명상으로 아예 귀환할 수 없으므로 관찰사례에서 누락된 것이다.

생 떽쥐베리가 《어린왕자》에서 말했듯이 정말로 중요한 것은 눈에 보이지 않는 법이다. 이 현명한 수학자 덕분에 편향된 데이터 분석을 피할 수 있게 된 경우를 '생존편향'이라고 한다. 생존편향은 다른 분야에서도 어렵지 않게 찾아볼 수 있다. 실제로 창업해서 성공할 확률이 10%도 되지 않는데, 성공한 창업자만 떠올리기 때문에 사람들은 쉽게 생각하고 개업을 서두른다.

죽은 자는 말이 없다지만 실패자도 말이 없는 법이다. 성공사례는 많지만 실패사례는 찾기 어렵다. 실패한 사람이 뭐가 좋다고 말하고 싶어 하겠는가. 설령 실패사례를 접한다 하더라도 대개는 해피엔딩을 보다 극적으로 묘사하기 위한 장식용일 때가 대부분이다. 생존편향이란 실패한 사람들의 '가시성 결여lack of visibility'로 인해 가시성이 두드러지는 성공한 사람들의 사례에 집중함으로써 생기는 편향을 말하는데, 이런 편향은 근거 없는 낙관주의와 과신의 원인이 된다. 이것이 바로 우리나라에만 유독 치킨가게가 3만 개를 넘어선 이유이다.

사실 창업자에게 필요한 것은 성공담보다는 실패담이다. 그런데 성공담은 누구나 쓰고 싶어 하는데 실패담에 관해서는 선뜻 나서는 사람이 없다. 이것이 성공학에 비해 실패학이 부진한 이유다. 입시철이 되면, 각급 학교나 학원에서 합격자 명단을 대문짝만 하게 올려놓는 것을 볼 수 있다. 그 현수막에 떨어진 학생이 들어갈 자리는 없다. "여러분도 저렇게 될 수 있다!"는 광고 전략이 숨어 있는 것이다. 사실 성공자로 가득 찬 세상만큼 살벌하고 재미없는 사회는 없다. 그나마 우리 삶을 살만하게 하는 것은 실패자들이 있기 때문이 아닌가!

5. 과도한 선택지

사공이 많으면 배가 산으로

선택과부하choice overload라고도 한다. 정보와 제품이 넘쳐 나면서 '고르는 일'이 중요 관심사가 되고 있다. 다양성이 제공하는 이점도 물론 있지만, 유사한 상품이 범람하면서 과부하가 걸리면 문제가 아닐 수 없다.

일반적으로 선택할 종류가 많을수록 사람들이 좋아할 것이라고 믿고 있다. 잘못된 믿음이다. 백화점에서 잼 시식 코너를 열어 먼저 6종류의 잼을 제공하고, 몇 시간 후에는 24종류의 잼을 제공한 결과, 전자의 경우가 후자의 경우보다 구매율이 훨씬 더 높았다. 이 실험을 통해 선택지가 많을수록 오히려 만족도가 떨어지고 구매 욕구도 떨어지는 것을 알게 되었다.

'장고 끝에 악수'라는 말도 있다. 선택할 것이 너무 많으면 결정을 내리지 못하고 망설이다가 오히려 가장 나쁜 선택을 하게 됨을 가리키는 말이다. 너무 많은 것보다 차라리 하나뿐인 게 나은 이유이기도 하다. 당나귀가 보리를 먹을까 귀리를 먹을까 망설이다가 굶어 죽은 일화 또한 유명하다.

기업이나 사회는 선택을 용이하게 하는 규범을 제시해야 할 책임이 있다. 그렇게 되면 소비자가 매번 힘들게 결정하는 수고를 덜어 줄 것이다. 어떤 선택을 하더라도 반드시 고려해야 할 사항이 있는데, 그것은 바로 기회비용opportunity cost이라는 개념이다. 기회비용이란 여러 대안들 중 하나의 대안을 선택했을 때, 선택하지 않은 대안들 중 가장 좋은 것의 가치를 말한다.

이제는 누구나 시간은 가장 중요한 가치이자 자원이라는 사실을 인정한다. TV 오락프로를 보면서 시간의 기회비용을 생각한다면, 무의미하게 시간을 보내는 일에 대한 자각에 이를 수도 있을 것이다. 기회비용의 주제는 〈제5장〉에서 다시 다룬다.

6. 완성 후 오류
어? 내 정신 좀 봐

　　사람들은 어떤 중요한 일을 끝내고 나서 그 이전 단계에 관련된 사항들을 잊는 경향이 있다. 대표적인 사례로서 복사를 마친 후 원본을 복사기에 그대로 두고 가는 경우다. 저자들도 자주 겪었던 일이다. 또는 현금자동입출금기에서 현금을 인출한 후 카드를 꽂아둔 채 자리를 뜨는 경우가 있었다. 이런 문제를 해결하기 위해 지금은 카드를 먼저 뽑아야만 돈이 나오도록 되어 있다. 이런 것을 기능강제forcing function라고 한다.

　　조기종결premature closure의 위험은 모든 분야에서 발생한다. 한 부인이 복부 수술 후 퇴원했는데 계속 배가 아파 다시 병원에 갔더니 수술용 가위가 뱃속에 있었다. 1980년대에 프랑스에서 일어난 사건이다.

좀 다른 문제이기는 하지만, 아침에 현관문을 나섰다가 미처 챙기지 못한 것이 생각나서 다시 집으로 돌아오는 경우가 종종 있을 것이다. 이런 일을 방지하기 위해, 집을 나서기 전에 필수 휴대품 및 점검해야 할 사항들의 리스트를 만들어서 이것을 현관문 안쪽에 부착해 놓고, 이 리스트를 읽기 전에는 문을 열지 않는다는 규칙을 세운다. 이 규칙을 잘만 지킨다면 기능강제의 역할을 충실하게 이행할 것이다.

7. 허위 합의 환상
너도 그런 거 아니었어?

　　　대부분의 사람들이 자신과 다른 의견을 가지고 있음에도 불구하고, 다른 사람들의 생각도 자신의 생각과 같을 것이라고 추측하는 오류를 의미한다. "길을 막고 지나가는 사람에게 물어봐라, 누가 옳은지"라든가 "모두들 그렇겠지만" 등이 이런 편향을 나타내는 대표적인 표현이다.

　대개 나이가 많은 사람, 직장의 상급자, 자기 존중감이 높은 사람에게서 이런 경향이 나타난다. 이런 허구적 일치성은 특히 조직의 리더가 빠지기 쉬운 함정인데, '불통'의 주범이 될 수도 있기 때문에 주의를 요한다. 조직의 리더들은 구성원들이 자신과 같은 방식으로 생각하고 같은 의견을 가지고 있다고 철석같이 믿고 싶어 한다. 자신의 생각이 합리적이고 자신과 다른 생각은 비합리적인 소수의 생각이라고 치부한다. 그래야 마음이 편하니까!

상대방도 자기와 같은 생각을 하는 줄 알았는데 그렇지 않은 경우 흔히 '믿는 도끼에 발등 찍혔다'고 한다. 결정적인 문제에서 의견 차이를 좁히지 못해 수십년 우정이 깨지는 모습을 우리는 적지 않게 보아왔다.

합리적인 사람은 상대방도 합리적일 것이라고 생각하는 오류를 범한다. 정치적 성향이 다른 사람에게 자신의 개인적 견해를 말하고 공감을 구하려다 망신당하는 경험은 드문 일이 아니다.

다른 한편, '다원적 무지Pluralistic ignorance'는 허위 합의 환상에 대비되는 개념이다. 후자가 남들도 자신처럼 생각하고 있다고 잘못 가정하는 반면, 다원적 무지는 어떤 규범이나 조직문화를 사적으로는 싫어하는데, 대부분의 구성원들은 지지할 것으로 생각하는 착각이다. 예를 들어 업무가 끝나고 회식이 있을 때, 개개인은 모두 일찍 집에 가서 쉬고 싶지만, 다른 사람들은 회식을 좋아할 것이라고 착각하고 마지못해 동의하는 경우가 이에 해당한다.

8. 승자의 저주
상처뿐인 영광

승자가 저주를 당한다는 뜻에서 '승자의 재앙'이라고도 한다. 1950년대 미국 석유기업들은 매장량을 정확하게 알지 못한 채 멕시코만의 석유시추권 공개 입찰에 참여했다.

2,000만 불의 입찰 가격을 제안한 기업이 석유시추권을 따냈는데, 실제 석유 매장량의 가치는 1,000만 불에 불과해 결국 천만 달러의 손해를 봤다. 경매, 협상, 법정투쟁, 인수 및 합병 등의 다양한 상황에서 사람들은 경쟁자를 이기려는 의식에 쉽게 사로잡힌다. 인간은 너나할 것 없이 이기는 것을 좋아하며 어떤 대가를 치르고서라도 라이벌을 따돌리고 싶어 한다.

이런 맹목적 경쟁심의 결과는 흔히 '상처뿐인 영광'으로 나타난다. 이런 사태에 대비해 워렌 버핏Warren Buffett은 경매에 참가할 때,

최고평가액에서 20%를 낮춰서 쓰라고 충고한다.

인간은 그리 합리적인 존재가 아니다. 데카르트는 모든 사람이 이성을 공유한다고 말했지만, 실은 모든 사람은 어리석음을 공유한다고 말하는 편이 보다 진실에 가까울지 모른다.

경쟁이 치열해지면 승부근성이 발동해서 맹목적이 되게 마련이다. 승자의 저주는 특히 유권자들의 표를 얻기 위한 '공개 입찰'이라고 볼 수 있는 선거판에서 극적으로 나타나기 마련이다. 우리나라의 경우, 각종 선거가 끝나자마자 어김없이 나타나는 것이 승자의 저주 현상이다. 경쟁이 치열해지면서 이기고 봐야 한다는 맹목적 경쟁심리가 선거법에 저촉되는 무리수를 두기 십상이기 때문이다. 검찰의 성수기라고나 할까…. 안중근 의사의 견리사의 見利思義 정신을 좌우명으로 삼아야 할 것이다.

2020년 노벨 경제학상은 '승자의 저주'를 피할 수 있는 '경매이론'을 개발한 스탠퍼드대 폴 밀그럼 교수와 로버트 윌슨 교수가 공동 수상했다.[4] 승자의 저주는 승리 후에도 찾아오는데 오만과 독선 때문이다. 로마군대는 승전 축하 행진시 행렬 후미에서 북을 치며 '메멘토 모리죽음을 기억하라'를 외치는 노예를 배치했다고 한다. 본받아 마땅한 행위라고 본다.

---

4   사제 간인 두 교수는 이웃에서 살고 있다. 제자인 밀그럼 교수가 전화기를 무음으로 해놓아 노벨 위원회로부터 수상 소식을 전달 못받자, 스승인 윌슨 교수가 집으로 달려가서 알렸다고 한다.

9. 지식의 저주
난 정말 그런 줄 몰랐어요

　　재미있는 실험 사례가 있다. A, B 두 상자가 있다. 3살 먹은 어린이 '갑'과 다른 사람 '을'이 있다고 가정하자. 둘이 같이 있을 때 상자 A에 공이 한 개 들어 있다. 을을 나가게 한 후 공을 꺼내 B상자에 넣고, 갑에게 을이 어떤 상자에서 공을 찾을 것이냐는 질문에 갑은 주저하지 않고 B에서 찾을 것이라고 답한다. 그런데 이 사실은 자기만 알 뿐 을은 전혀 알지 못한다. 갑의 답변은 상대의 처지를 전혀 고려하지 않는 답변이다.

　어떤 주제에 대한 전문가는 이 주제를 잘 모르는 사람의 처지를 헤아리는데 무능하다. 내가 알면 남도 알 것이라고 생각하는 것이 지식의 저주이다. 일단 무언가를 알고 나면 알지 못한다는 것이 무엇인지 상상할 수 없게 된다. 가르치는 위치에 있는 선생님들은 학생들이 새로운 지식을 터득하는데 겪는 어려움을 모른다. "이 정도야 당연히 알고 있겠지"라고 전제하고 수업을 진행하다 보니 불통이 될 수밖에 없다.

미분방정식을 가르치는 교수는 수십 년간 이 분야를 연구하다 보니 너무 친숙해져서 급기야는 미분방정식이 아주 쉽다고 생각 하게 된다. 그러다보니 이제 막 배우기 시작해서 끙끙대는 학생들 의 처지를 이해하지 못한다. 교수는 "그렇게 설명을 했는데도 도 대체 왜 못 알아듣는 거지?"라고 답답해 하지만 실은 교수 자신 도 처음 미분방정식을 배울 때는 어려워하지 않았던가? 참으로 개구리가 올챙이 시절을 기억하기란 쉽지 않은 모양이다.

우스운 일화가 있다. 〈레미제라블〉로 잘 알려진 빅토르 위고가 여행을 가려고 국경 경비대를 통과할 때의 일이다.

직원 : "성명?"
위고 : "빅토르 위고"
직원 : "직업은?"
위고 : "펜이요."

통과가 허락되자 호기심이 발동한 위고는 직원이 적은 내용을 슬쩍 보았다.

이름 : "빅토르 위고"

직업 : "펜 장수"

프랑스를 대표하는 대작가가 졸지에 '펜 장수'가 되어버렸다. '펜'을 놓고 한 사람은 '작가'로, 다른 사람은 '펜 장수'로 각각 해석을 달리한 것이다. 단어가 같다고 상대방도 나와 같이 해석한다고 생각하면 큰 오산이다.

애인과 이별한 아들에게 아버지가 위로한답시고 "야, 여자가 걔밖에 없냐? 내년쯤엔 새 애인과 신나게 지낼 거다!" 아버지는 아들이 이 말에 위로를 받을 줄 알았지만, 그 다음날 아들은 옥상에서 투신했다. 그렇게 될 수도 있는 자기 모습이 혐오스러워 견딜 수 없었던 것이다. 그러니까 지식의 저주에는 자기중심적인 egocentric 생각이 자리 잡고 있다. 이를 줄이기 위해서는 눈높이를 맞추어야 한다. 상대방의 처지나 입장에서 생각하는 역지사지易地思之를 해야 한다. 상대방의 관점에서 세상을 바라보는 능력을 '조망수용능력perspective taking ability'이라고 한다. 우선 자신과 타인이 다르다는 사실을 인정해야 한다. 우리가 다른 곳에서 취급한 '허위합의 환상'에 빠지지 말라는 것이다. 그리고 타인의 의도, 생각, 느낌, 행동들을 그 사람의 관점에서 이해하려는 노력을 해야 한다. 내가 알고 있는 세상만이 전부는 아니다.

다음은 조선 최고의 실학자 연암 박지원 선생의 글에 소개된 것이다.

집을 나왔다가 길을 잃어버린 젊은이가 울고 있었다.

지나가던 어른이 물었다.

"젊은이, 어째서 울고 있소?"

"집에 가는 길을 잃어버렸습니다."

"아니 세 살 어린애도 아니고 다 큰 사람이 자기 집도 찾지 못한단 말이냐?"

"저는 다섯 살에 눈이 멀어 20년이나 흘렀습니다. 오늘 아침에 집을 나왔다가 방금 전에 눈을 떴습니다. 너무 기뻐서 빨리 집에 돌아가려고 하는데 길은 여러 갈래이고 대문들이 엇비슷해서 저희 집을 찾을 수가 없습니다."

이 말을 듣고 이 어른[5]은 이렇게 말했다.

"집으로 돌아가는 방법을 알려 주마. 도로 눈을 감거라. 그리고 집을 찾아가거라."

---

5   서경덕(1489~1546)을 가리킨다. 조선 중기 최대의 철학자 박연폭포, 황진이와 함께 송도삼절(松都三絕)로 불린다. 인간의 죽음은 우주의 기(氣)에 환원된다는 사생일여(死生一如)를 주장하였다. 생사대사(生死大事)를 해결하였으니 저런 지혜가 나온 것이다.

말이 끝나자 젊은이는 다시 눈을 감고 지팡이를 이리저리 두드리며 익숙한 걸음으로 집으로 돌아갈 수 있었다.

만일 이 어른이 젊은이의 관점이 아니라 자신의 관점에서 찾아가는 길을 알려주었다면 어떻게 되었을까?

상대방의 신발을 신어보지 않으면 발의 어디가 아픈지 알 수 없다. 지식의 저주를 피하기 어려운 이유는 자신이 언제 어떻게 지식의 저주에 걸리는지를 잘 모르기 때문이다.

상대가 전혀 알지 못하는 상황에서 마구 가르치려고 하기보다는 왜 이해하지 못하는지 그 원인을 먼저 살피고 나서 가르치는 것이 지식의 저주에서 풀려나는 길이다.

"아무리 어려운 이론이라도 초등학교 5학년이 이해할 수 있도록 설명할 수 있어야 한다"는 아인슈타인의 권고는 교단에 선 모든 사람들이 귀담아 들어야 할 것이다.[6]

---

6 '지식의 저주'는 의사소통의 실패에서 연유하는 경우가 대부분이다. 댄 히스와 칩 히스 형제가 쓴 《Stick》은 이 점에서 시사하는 바가 적지 않다. 시중에 번역본이 나와 있다.

10. 통제의 환상
내 사전에 불가능이란 없다

권력자들은 때때로 희한한 '전능감'에 사로잡힌다. 문명비평가 허버트 헬스는 이렇게 말한다.

"네로나 칼리굴라처럼 인류 역사상 악명 높은 폭군들이 정신이상자로 보이지만, 절대적인 권력을 손에 쥐게 되면 누구라도 그렇게 될 수 있다."

사람들은 권력을 잡으면 무엇이든 할 수 있다고 생각한다. 일본의 오다 노부나가는 심지어 자신이 신이라는 과대망상에 빠져 있었다고 한다.

우리나라 역사에서는 궁예가 자신을 미륵불과 동일시했다고 한다.[7] 모든 독재자들은 현실적으로 통제할 수 없는 일을 통제할 능력이 있다고 과대평가하는 경향을 보이고 있다는 것이 역사적 사실이다. 보통 사람도 예외가 아닌데, 조그만 성공을 거두어도 자신이 전능한 것처럼 행세한다. "내가 맘만 먹으면…."

역사는 통제의 환상으로 차고 넘친다. 두 가지 사례만 들자.

사례 1 **중국 제사해운동**[1955]

동식물을 마음대로 통제할 수 있으리라는 인간의 과신은 매번 큰 화를 초래했다. 1955년 모택동은 현장 지도 차 농촌에 갔다가 지나가던 참새를 보고 "참새는 해로운 새다"라고 교시하였다. 이 말이 신호탄이 되어 중국에서는 대대적으로 '제사해운동除四害運動'이 펼쳐진다. 중국 인민들에게 해를 끼치는 4가지 해로운 것, 즉 모기, 파리, 쥐, 참새를 제거하자는 것이다. 어찌된 셈인지 참새를 잡느라 모기, 파리, 쥐의 퇴치는 우선순위가 밀려나 거의 진행되지 않았다. 결과는 59년에 나타났다. 참새는 추수기에는 엄청나게 먹어 치운다. 그러나 참새를 박멸하자 참새의 먹이었던 모기,

---

7   궁예의 자칭 관심법은 타심통(他心通: 다른 사람의 마음을 읽는 신통력)이라고 해야 옳다. 관심법은 본래 자신의 내면을 들여다보고 과거나 미래가 아닌 '지금 여기'에 머물러 끊임없이 자신을 관찰하는 불교 수련법이다.

파리, 애벌레, 메뚜기 등 각종 해충이 창궐하여 오히려 식량 생산량이 추락하여 2,000만~6,000만 명의 기록적인 아사자가 발생했다. 사회적 공론화 과정을 거치지 않고 행한 독재자의 아마추어적 통제편향이 가져온 비극이다.

사례 2 미국 금주령 1920~1933

법을 제정한 의원들조차 밀주를 사들였다. 범죄조직이 주류업을 독점하게 되어 미전역에서 범죄율이 치솟았다. 무릇 입법자들은 예상치 못한 부작용을 늘 염두에 두고 신중에 신중을 거듭해야 할 것이다. 대부분의 자기계발서에 보면 '통제에 대한 환상'이 수두룩하게 등장한다. 심지어 운명이나 우연도 통제할 수 있다고 믿는 사람이 있다. 그러나 "불가능은 없다"던 나폴레옹도 부하 장군의 실수로 패전을 맛보아야 했다.

물론 긍정적 태도를 통해 원하는 방향으로 이끌어 갈 수 있다면야 좋은 일이겠지만, 결심만 하면 일이 술술 풀릴 것이라는 낙관적 믿음은 비관적 태도 못지않게 위험할 수도 있다.

통제의 환상이 극단으로 치달리면 터무니없는 전능감에 사로잡히고, 이때 나타나는 것이 오만증후군arrogance syndrome이다. 이 증후군의 전형적 증상은 상대방에 대한 노골적 경멸, 현실과 괴리된 무모하고 무능한 언행이다. 민주적으로 선출된 지도자가 마르코스 전前 필리핀 대통령처럼 독재자로 변신하는 것은 바로 이 오만 증후군 때문이다. 이런 증후군이 무서운 것은 정작 당사자는 이 사실을 잘 모른다는 데에 있으니, 경계하고 또 경계할 일이다.

영국 국민의 존경을 한 몸에 받은 처칠조차도 한때 이런 증상을 피하지 못했다. 그의 아내 클레멘타인은 "사랑하는 윈스턴, 당신의 태도가 너무 변해서 이전만큼 친절하지 않다는 사실을 고백하지 않을 수가 없네요"라고 쓴 편지를 보낼 정도였으니 말이다. 이 편지는 불만을 토로한 것이라기보다는 진실을 알려 주기 위한 것이어서 진정한 내조의 귀감이 될 만하다.

1948년 미국 대선 때, 루즈벨트가 재임 중 사망하여 대통령이 된 해리 트루먼은 재선에 도전했다. 당선이 확실시되는 후보는 뉴욕 주지사를 성공적으로 역임한 공화당의 토머스 듀이였다. 내로라하는 정치부 기자 50명에게 물은 결과, 모두 듀이의 승리를 예측했다. 그러나 결과는 전혀 예상 밖이었다. 트루먼이 당선된 것이다. 선거기간 내내 대학도 나오지 못하고 너무나 평범한 상대를 과소평가한 듀이의 오만증후군이 이러한 결과를 가져온 것이다. 트루먼 정부에서 국무장관을 지낸 딘 애치슨은 이렇게 말한다.

"그에게는 리더의 최대 걸림돌인 교만이 없었다. 그와 그의 일

사이에는 한 번도 자존심이 끼어든 적이 없었다.[8]"

의외로 여기는 독자도 있겠지만, 통제의 환상의 사례로 심심치 않게 거론되는 것이 마이크로소프트가 1990년 개발하여 현재 세계적으로 널리 쓰이고 있는 파워포인트이다. 파워포인트 프레젠테이션PowerPoint presentation이 통제의 환상을 부추긴다는 것이다.

〈뉴욕 타임즈〉는 2010년 4월 27일자 1면에 실린 '우리의 적은 파워포인트다We Have Met the Enemy and He is PowerPoint'라는 기사에서 파워포인트가 복잡다단한 문제들을 마술적으로 축소함으로써 큰 위험을 낳고 있다고 지적했다. 논란 중에 있는 사안을 잘 확립된 이론처럼 제안해서 논쟁과 비판을 억압한다는 것이다.

역사적으로 통제의 환상을 깨우친 현자는 우리가 알기로 세네카[9]이다. 그는 어머니에게 보낸 편지에서 이렇게 말한다.

"나는 한 번도 운명의 여신을 신뢰한 적이 없습니다. 나는 언제라도 그녀가 도로 내놓으라고 요구할 때 나를 방해하지 않고 가져갈 수 있는 곳에 그녀가 하사한 모든 것돈, 관직, 영향력을 두었지요."

---

8   헨리 블렉커비, 《영적 리더십》, p.274

9   Lucius Seneca(BC 4년~65년). 대표적인 스토아 철학자이자, 로마 제정시대 정치가. 스토
     아 철학은 '무(無)정념(apatheia)', 즉 열정으로부터 자유로운 상태가 '최고의 선(summum
     bonum)'인 행복(felicitas)에 도달하는 길이라고 믿었다.

세상사가 얼마나 허망하며, 운명의 여신이 얼마나 변덕이 심한 가를 아는 사람은 운명의 불의의 습격을 견디기가 좀 더 수월할 것이다. 마음의 평화는 자신의 통제력이 제한적이라는 현실을 직시할 때 얻을 수 있다. 자신의 통제력을 과대평가하는 것이 아니라 과소평가할 수도 있는데, 이는 또 다른 문제를 야기한다. 자신이 가진 진가를 알아보지 못하고, 현실을 변화시킬 수 있는 자신의 능력을 과소평가한다는 말이다.

외과의사 아툴 가완디Atul Gawande[10]는 이렇게 말한다.

> "나는 의사라는 직업에서 가장 큰 어려움이 여러 가지 기술을 배워야 하는 것이라고 생각했었지만 지금은 그렇지 않다. 의사로서 가장 어려운 부분은 내가 영향력을 행사할 수 있는 것과 없는 것을 구별하는 일이라는 사실을 마침내 깨달은 것이다."

이것이 꼭 의학 분야에서만 적용되는 교훈일까? 그래서 저자는 늘 라인홀드 니버[11]의 기도문을 염두에 두고 있다.

---

10 의사이자 작가(1965~). 첫 저서 《나는 고백한다, 현대의학을》은 뉴욕타임스 베스트셀러였고, 우리나라에서도 2003년 KBS 선정 '올해의 책'에 선정된 바 있다. 2006년 인류를 위해 크게 공헌한 사람에게 수여하는 맥아더 펠로십을 수상했다.

11 Reinhold Niebuhr(1892~1971). 미국 프로테스탄트 신학자. 그는 《도덕적 인간과 비도덕적 사회》에서, 개인은 자신을 희생하면서까지 타인을 배려할 수 있지만, 사회는 민족적-계급적-인종적 이유로 집단적 이기심을 보인다고 갈파하였다.

Oh, My God!

Grant me the serenity to accept the things I can not change,

And the courage to change the things I can,

And wisdom to know the differences!

오, 주여!

내가 바꿀 수 없는 것을 수용할 수 있는 평온함을 허락하시고,

바꿀 수 있는 것을 바꿀 수 있는 용기를 주시고,

그리고 이 둘을 분별할 수 있는 지혜를 허락하소서!

이 기도문은 자신의 능력 범위 내에 속하지 않는 문제에 대해서는 초연한 태도를 견지하라는 에픽테투스의 현대판 버전이다.

내가 할 수 있는 것과 할 수 없는 것을 안다는 것은 결국 내가 벌린 일의 뒷감당을 할 수 있느냐 없느냐의 문제로 귀결되므로 결정적으로 중요한 문제다. 그런데 나의 능력범위를 안다는 것은 나 자신을 안다는 것인데, 이것은 참으로 지난한 문제이다.[12]

---

12 "너 자신을 알아라!"
이 한마디 말로 소크라테스는 그리스 일곱 현자(賢子)의 반열에 올랐다.

판단력 수업

인간의 지성은 일단 어떤 의견을 채택한 뒤에는
모든 얘기를 끌어들여 그 견해를 뒷받침하거나 동의한다.
설사 정반대를 가리키는 중요한 증거가 훨씬 더 많다고 해도
이를 무시하거나 간과하며 미리 결정한 내용에 죽어라고 매달려
이미 내린 결론의 정당성을 지키려 한다.

제2장

올바른
의사결정을 방해하는
연역편향

판단력 수업

●

1. 도박사의 직관

오르막길이 있으면
내리막길도 있는 법

1913년, 모나코 몬테카를로 카지노의 룰렛 게임에서 구슬이 20번 연속 검은색으로 떨어지는 일이 발생했다. 그러자 게이머들은 이제는 붉은색에 구슬이 떨어질 차례라고 확신하며 붉은색에 돈을 걸었다.

그러나 21번째 구슬도 검은색으로 떨어졌다. 그러자 더 많은 도박사들이 붉은색에 많은 돈을 걸었다. 그런데 22번째도 검은색. 사람들은 점점 더 모여들고 거금이 붉은색에 걸렸다. 그러다가 결국 27번째 가서야 구슬이 붉은색에 떨어졌다.

수많은 도박꾼이 돈을 잃고 난 뒤였다. 이 사건에서 '몬테카를로의 오류Monte Carlo fallacy'라는 말이 생겼다. '도박사의 오류'라고도 부른다. 우리의 문제의식은 여기에 의문을 제기한다.

간단한 사례를 들어 보겠다. 동전을 9번 던졌는데 모두 '앞'이 나왔다. 10번째에도 앞이 나올 확률은?

어떤 사람이 앞이 나올 확률이 1/2이므로, 열 번 다 앞이 나오려면 1/2을 열 번 곱해서 1/1,024라고 생각하고 '뒤'에 돈을 건다면, 그는 '도박사의 오류'를 범한 것이다.[1]

9회의 시행과 10번째 시행은 서로 아무 관련이 없으므로 10번째에 앞이 나올 확률은 여전히 1/2이다. 여기까지는 아무런 문제가 없다. 논의를 단순화하기 위해 동전을 한꺼번에 10개씩 던진 결과, 앞면이 나온 횟수는 다음과 같다.

4, 4, 5, 6, 5, 4, 3, 3, 4, 5, 8, 3, 5, 7, 4, 5, 7, 7, 9 …

한 번에 100개씩 던진 결과는
46, 54, 48, 45, 53, 49, 47, 58, 40, 57, 46, 51, 50, 60, 43 …

한 번에 1,000개씩 던진 결과는 이러했다.
486, 501, 489, 472, 537, 474, 508, 510, 478, 506, 493, 511 …

---

1 주식 투자에서 주가가 계속 내렸으니까 다음엔 오를 것으로 기대한다든지, 내리 딸을 낳았으니 이번엔 아들을 낳을 거라고 생각하는 것 등도 흔히 볼 수 있는 도박사의 오류에 해당한다. 축구 경기의 승부차기에서도 이런 현상을 볼 수 있는데, 골키퍼들은 첫 번째 킥이 왼쪽으로 날아오면 두 번째 킥에서는 오른쪽으로 몸을 날리는 경향을 보였다. 당연히 키커들은 골키퍼가 기대하는 방향과 반대 방향으로 공을 차려고 할 것이다.

컴퓨터 시뮬레이션으로 각각 만 개, 십만 개, 백만 개를 한 번에 던진다면? 마치 '보이지 않는 손'이 개입하는 것처럼, 시행횟수 n을 크게 잡을수록 앞과 뒤가 나올 확률은 가차 없이 1/2로 수렴한다.[2] 그래서 우리는 '도박사의 오류'라기보다는 '도박사의 직관'이란 표현을 선호한다. 우리에게 '몬테카를로의 오류'는 진정한 '도박사의 오류'로 보기 어려운 소이가 여기에 있다.

'도박사의 오류'의 반대말이 있는데, '뜨거운 손 오류Hot hand fallacy'라고 한다. 야구나 농구에서 지난 시즌에 맹활약을 펼친 선수가 이번에도 계속 잘할 것으로 기대하는 것을 말한다.

그러나 기대와는 달리 성적이 부진해 팬들을 실망시키는 일이 드물지 않게 일어난다. 운동선수의 상승세와 슬럼프는 스포츠 기자들을 열광시키는 단골 소재가 되었다. 한 경기 내에서도 1쿼터에 부진했던 선수가 3쿼터에서는 눈부신 활약을 하는 경우도 있고 또 그 반대 상황도 드물지 않다. 왜 그러한가. '도박사의 오류'나 그와 반대되는 '뜨거운 손 오류'를 동시에 설명할 수 있는 메커니즘은 없을까?

두 현상은 '평균에의 회귀regression toward the mean'로 설명될 수 있다. 이

---

2 개개인의 수명은 서로 달라 누가 몇 살에 죽을지는 하늘만이 알 수 있다. 그러나 많은 사람에 대한 장기간에 걸친 통계를 검토하면 인간의 기대 수명, 각 연령층에서의 사망 비율이 거의 일정한 값에 근접함을 알 수 있다. 큰수의 법칙을 이용한 전형적인 사례는 바로 그 일정한 값에 근거해서 산정하는 보험료이다.

개념은 우생학의 창시자인 유전학자 골턴[3]이 처음 제안했다. 그는 신체적 특성이나 재능 등이 유전될 것이라는 가정 하에 키의 유전성에 대해 연구를 진행한 결과 흥미로운 사실을 발견했다. 평균보다 키가 큰 아버지의 아들은 평균보다 키가 작은 경향을 보였고, 평균보다 키가 작은 아버지의 아들은 평균보다 큰 경향이 있다는 것이다.

그런데 키와 같은 특성뿐만 아니라 다른 특성들도 평균으로 돌아가고 있음을 보여 준다. 재벌 2세는 보통 창업자의 역량을 뛰어넘지 못한다는 인식이 지배적이다(물론 예외가 있겠지만). 빼어난 외모의 부모에게서 태어난 자식이 잘생긴 외모를 가진 경우는 드물다고 한다. 반대의 경우도 성립한다. 형편없는 부모에게서 태어난 아이라고 해서 대성하지 말란 법도 없다. 그러니 그 누구도 무시해서는 안 되는 것이다.

프로야구에 '2년차 징크스sophomore slump'라는 말이 있다. 신인으로서 첫 번째 시즌을 성공적으로 끝냈으나, 두 번째 시즌에 겪는 부진을 가리키는 말이다. 미국에서는 'Sports Illustrated cover jinx'라는 게 있다. 〈스포츠 일러스트레이티드〉라는 스포츠 잡지 표지에 실린 선수나 팀은 그 후 성적이 나빠지는 징크스를 가리키는

---

3   Francis Galton(1822~1911), 영국의 유전학자. 유전학을 인류 개량에 응용하자는 우생학(eugenics)을 제창.

말이다. 스포츠 선수들 사이에서는 상식처럼 통용되는 말이다. 나는 TV 방송에 거창하게 소개되고 난 후 망한 회사의 회장들을 종종 본 적이 있다.

사실 사람들은 평균회귀를 잘 알고 있다. 그래서 '화무십일홍', '인생지사 새옹지마', '오르막길이 있으면 내리막길도 있는 법', '비 오는 날이 있으면 해 뜨는 날도 있다'고 말하지 않는가. 인간사 들 쑥날쑥하기 마련이니, 라이프니츠의 "있을 수 있는 세계 중 최상의 세계"는 아닐지라도 평균회귀는 우리에게 얼마간의 위안을 주는 이론인 것 같다.

결론적으로 '도박사의 오류'는 오류라기보다는 '도박사의 직관'으로 보아야 한다는 것이 저자들의 주장이다. 여기에서 '직관'은 참일 수도 있고 거짓일 수도 있다는 점을 의미한다. '오류'는 개별 사건이 독립적인 확률론에서만 그럴 뿐 현실에서는 그렇지 않다는 것이 저자들의 생각이다. 이에 대한 관심 있는 독자들의 비판을 기대한다.

2. 결합오류
그럴 듯한데

　　단일 사건이 일어날 확률보다 둘 이상의 사건이 결합된 경우의 확률이 더 높다고 판단하는 오류를 '결합오류'라고 한다. 수학에서 미지수를 X, Y, Z 등으로 나타내듯이, 논리학에서는 임의의 명제를 P, Q, R 등으로 나타내고, 이들을 명제변항이라고 한다.

　　결합오류=연접편향란 사람들이 P보다 'P 그리고(and) Q'를 더 믿는 경향을 말한다.

　　P : 기차가 연착했다.
　　Q : 눈이 왔다.
　　P and Q : 눈이 오고 기차가 연착했다.

실험결과 사람들은 여기에서 P보다 'P and Q'를 더 신뢰했다. 그러나 P가 참일 확률은 50%인데 반하여, 'P and Q'가 참일 확률은 25%에 지나지 않는다.

P	Q	P and Q
참	참	참
참	거짓	거짓
거짓	참	거짓
거짓	거짓	거짓

왜 그럴까? 예문에서 '눈이 와서'라는 그럴듯한 설명이 덧붙여져 이야기가 '자연스럽게' 전개되기 때문이다. 이런 사례들은 수없이 많다. 다른 예를 보자.

P : 2023년 석유소비가 30% 감소할 것이다.

Q : 석유가격이 극적으로 상승했다.

P and Q : 2023년 석유가격의 극적인 상승으로 석유소비가 30% 감소할 것이다.

여기에서도 '석유가격의 극적인 상승'이라는 그럴듯한 이야기가 첨부되어 'P and Q'가 P보다 더 많은 개연성을 얻었다. 이런 현상은 나중에 보게 될 '이야기편향Storytelling bias'의 서곡이 될 것이다.

3. 심적회계 또는 마음속 경리

고래등살 같은 내 돈

사람들은 돈에 '공돈', '푼돈' 등 이름 붙이기를 좋아한다. 그래서 생각지 않게 들어온 돈을 '공돈'으로 여겨 헤프게 써버린다. 만약 그 돈이 월급이었다면 결코 그렇게 하지 않았을 것이다. 도박으로 번 돈이나 복권 당첨금 역시 쉽게 사라진다.

액수가 적은 돈은 쉽게 푼돈으로 여겨 커피 마니아들은 매일 수천 원씩 커피에 투자를 한다. 하루에 5천 원은 푼돈인지 몰라도 한 달에 15만 원, 1년이면 무려 180만 원이 된다. 이렇게 푼돈 프레임을 총액 프레임으로 다시 짜면 커피에 투자하는 금액이 만만치 않다는 인식을 갖게 될 것이다.

현금보다 신용카드로 지불하는 심리도 '심적회계'의 대표적 사례이다. 당장 돈이 내 수중에서 나간다는 생각이 덜하기 때문에 소비자들은 부담을 덜 느낀다. 이 신용카드 결제야말로 실생활에서 가장 자주 접할 수 있는 심적회계 사례다.

요즘 백화점들은 할인 전략보다 상품권을 직접 주는 방법을 선호하는데, 구입금액 10만 원마다 지급되는 1만 원 상품권은 나중에 마중물이 되어 더 많은 소비를 이끌어 낼 수 있기 때문이다.

힘들여 번 돈과 운이 좋아 번 돈이 있다고 할 때, 의미부여를 달리 하기 때문에 그 쓰임새도 전혀 달라지게 마련이라는 사실을 잊지 않는다면, 어쩌다 받는 보너스도 정기 급여처럼 알뜰하게 쓸 수 있을 것이다.

성경은 "항상 기뻐하라! 쉬지 말고 기도하라! 범사에 감사하라!"고 권유한다. 그런데 예컨대 발목이 삐었는데 범사에 감사하라니? 이럴 때 심리회계 기법을 적용하라. "발목이 부러지지 않았으니 얼마나 고마운 일인가!"

다음에 나오는 매몰비용의 오류도 심적회계의 산물이다.

4. 매몰비용의 오류
밑질 수야 없지

　　매몰비용의 오류도 심적회계와 관계되는데, 이미 지불한 비용이 아까워서 다른 합리적 선택을 하지 못하는 경우를 말한다.

　매몰비용의 오류는 '콩코드 오류'라고도 하는데, 콩코드는 영국과 프랑스가 합작해서 만든 초음속 비행기로 처음에는 세계의 이목을 집중시켰다.

　기존 여객기 대비 실용성과 경제성이 낮아 비효율적이라는 사실이 밝혀졌음에도 양쪽 정부의 자존심과 실패를 인정해야 하는 부담감 때문에 끝까지 포기하지 않다가 2000년 폭발 사고로 탑승자 전원이 사망하자 누적적자를 버티지 못하고 2003년 운행을 중단한다.

베트남 전쟁[4]도 매몰비용이 아까워 갈 때까지 간 전형적인 사례이다. 대니얼 카너먼은 매몰비용의 오류에 대해 이렇게 말한다.

"매몰비용 오류 때문에 사람들은 열악한 일자리, 불행한 결혼, 전망 없는 연구 프로젝트에 계속 집착하고 매달린다. 일찌감치 포기하고 새로운 프로젝트를 시작하면 더 좋으련만, 결과가 불 보듯 뻔한 프로젝트를 살려 보겠다고 안간힘을 쓰는 젊은 과학자들을 자주 본다."

이럴 때 주식 투자에서 기관 투자자들이 손절매하는 방법을 배워야 한다. 손절매Loss cut란 주가가 더 하락할 것이 예상되는 경우, 손해를 감수하면서도 보유하고 있는 주식을 매입가격 이하로 판매하는 것을 의미한다. 기관 투자자들의 경우 손실이 발생했을 때 자동적으로 손절매를 시행하는 시스템을 가진 데 반해, 개인 투자자들은 손실회피 성향 때문에 손절매 결정을 내리기가 쉽지 않다. 사람들은 특히 원금 보장에 민감하다. 주가가 내려가는데도 주식을 붙들고 팔지 못하는 이유다.

---

[4] 월맹(북베트남)이 통일과정에서 미국과 벌인 전쟁(1960~1975). 우리나라도 미국 다음으로 많은 연인원 30만 명이 넘는 전투병력을 파견해 5천명이 넘는 전사자를 냄으로써, 한국 사회에 적지 않은 파문을 일으켰다.

손절매의 절대적인 기준은 존재하지 않지만, 증권왕이라는 별명을 가진 미국 월스트리트의 투자가 제럴드 로브는 마이너스 10%의 손절 한계는 반드시 지켰다고 한다. 느린 성격의 사람이라면 '5% 이상 손실이 발생했을 때 바로 판다'는 식의 규칙을 만들고 그 후에는 주관을 배제하고 반드시 실천한다는 원칙을 확립하는 것도 하나의 방편이 될 것이다.

10만 원을 손해 보았을 때의 상실감은 10만 원을 벌었을 때의 기쁨보다 두 배나 더 무겁다는 것이 경험적으로 증명되었다. 이른바 손실혐오loss aversion 현상이다.[5]

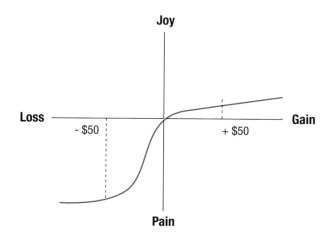

5   다른 맥락에서. 사람들의 기억에 남는 것은 대부분 옛날에 좋지 않았던 일들이라고 한다. 좋았던 것은 쉽게 잊어버리는 반면 기분 나빴던 일은 다섯 배나 더 많이 떠오른다고 한다. 인간이 여타 동물에 비해 불행한 소이다.
    ※ 처방 : 엎질러진 우유 때문에 울지 말고(과거), 미리 다리를 건너지 마라(미래)!

이익과 손실 앞에서 사람들이 느끼는 주관적 가치를 나타낸 것을 가치함수value function라고 한다.

그래프에서 보는 것처럼 50$를 잃었을 때의 고통은 50$를 벌었을 때의 기쁨에 비해 훨씬 더 크다. 보통 2~2.5배로 보는 것이 정설이지만 주관적으로 느끼는 감정이기 때문에 일정하지 않다.

손실혐오는 〈제3장〉에서 다루게 될 소유효과endowment effect라는 또 다른 현상과 비교된다.

당신이 그린 고양이를 아이들이 알아보지 못하는가? 그렇다면 화가의 길을 일찌감치 포기하는 것이 좋다.

5. 검증편향

맞는가 보자

어떤 가설이나 규칙을 논박하기보다는 검증하려는 경향을 말하는데, 1966년 피터 웨이슨P. Wason의 네 장 카드 선별 문제four card selection problem로부터 유래한다. 다음과 같이 네 장의 카드가 있다고 하자.

A	5	8	G

<u>규칙</u> 만약 앞면에 모음이 있으면, 뒷면에 짝수가 있다.

<u>문제</u> 이 규칙을 확인하기 위해 두 장의 카드만을 뒤집어 볼 수 있다. 어떤 카드를 뒤집어야 하나?

카드 선별 문제는 조건추론conditional inference[6]을 적용하면 보다 수월하게 풀 수 있다.

P : 카드 앞면이 모음이다.

Q : 카드 뒷면에 짝수가 나온다.

만약 P라면, Q이다If P, than Q : 카드 앞면이 모음이면, 뒷면은 짝수다.

'If P, than Q'는 'P → Q'로 표시한다.

구분	P	Q	P → Q
①	1	1	1
②	1	0	0
③	0	1	1
④	0	0	1

대부분의 사람이 8을 뒤집어 보고 5를 잊는다. 그러나 8을 뒤집었을 때, 자음이 나오더라도 규칙은 여전히 유효하다.

왜냐하면 여기에서의 규칙은 짝수의 이면에 대해서는 상관하지 않기 때문이다.

---

6   'P이면 Q이다(if P, than Q ; P implies Q)'는 자주 쓰는 표현이다. 하지만 논리적 관점에서 보면 의외로 쉽지 않다. 논리 기호로 'P → Q'로 표시한다. 논리학에서 P → Q는 P가 참일 때 Q도 참이면 이 명제는 참이고, 이는 우리의 직관과 통한다. 그런데 수학에서는 P가 거짓이면, Q가 참이든 거짓이든 상관없이 이 명제를 참으로 간주하는데, 이는 우리의 직관에 반하는 규칙이다.

앞의 표에서 첫 번째와 세 번째 행에 해당한다. 그러나 5를 뒤집어서 모음이 나오면 규칙은 더 이상 성립하지 않는다. 앞의 표에서 두 번째 행에 해당한다. 5 대신 8을 선택하는 것은 맞는지 확인하려는 심리를 반영한다. 우리는 이를 '검증편향'이라고 부른다. 즉, 사람들은 규칙을 반박하기보다는 검증하려는 경향이 있다는 말이다.

물론 A도 뒤집어 봐야 한다. 이때 짝수가 나오면 검증이 되지만, 홀수가 나오면 반증이 되기 때문이다. 그러나 이 경우에는 검증과 반증이 모두 나오기 때문에 이를 검증편향이라고 하지는 않는다. 자음 G는 세 번째와 네 번째 행에 해당하므로 문제에 영향을 미치지 못한다.

바로 여기에 어려움이 있는데 우리의 직관이 공감하기 어려운 규칙이기 때문이다.[7]

---

7 지적 호기심이 강한 독자를 위해 좀 복잡하지만 설명을 추가하자면,
　– 전건과 후건이 모두 거짓일 때 왜 전체 명제는 참이 되는가? 좀 특수한 경우지만 P가 거짓인 경우, 'P→P'를 어떻게 볼 것인가의 문제이다. 만약 이 복합명제를 거짓으로 본다면 우리는 논리학의 공리 중 하나인 동일률을 부정하게 된다. 이런 일은 있을 수 없으므로 전건, 후건이 모두 거짓이더라도 전체 명제는 참으로 보는 것이다. 예를 들어, '1+1=3→(3+1+1)=6'과 같은 경우 논증의 형식은 타당하므로 참이 되는 것이다.
　– 전건이 거짓이고 후건이 참일 때
　　P : 3은 짝수다.
　　Q : 3×2는 짝수다.
　　'P→Q'?
　　논리학에서 중요한 '후건부정규칙'(modus tollens)을 포기하지 않는다면 이 명제도 참이어야 한다.

결론은 A와 5, 두 장을 뒤집어 보면 된다는 것이다.

이제까지의 논의는 기호논리학을 입문하지 않은 독자에게는 쉽게 이해가 안 될 것이다. 그러나 이것만 기억하면 된다.

명제[8]는 반증될 수는 있지만 검증될 수는 없다. "백조는 희다"라는 명제는 아무리 수많은 흰 백조를 만나더라도 검증된 것이 아니다. 그런데 어느 날 단 한 마리의 검은 백조만 출현해도 이 명제를 반증하기에 충분하다. 실제로 이런 일이 일어났다.[9]

그런데 우리에게는 어떤 주장을 반박하는 증거보다는 이를 검증해 주는 증거를 찾으려 하는 자연스런 경향이 있다는 것이 검증편향의 요지이다.

---

8   참인지 거짓인지 판단할 수 있는 문장을 '명제'라고 한다. 의문문이나 감탄문은 명제가 될 수 없다. 또한 형이상학이나 미학에 관한 문장은 참이나 거짓의 기준이 없기 때문에 명제가 될 수 없다.

9   실제로 '검은 백조'가 1697년 호주대륙에서 발견되었다. 증명과 반증 사이에는 비대칭이 존재한다. 그래서 포퍼(K. Popper)는 검증원리는 반증가능성원리로 대치되어야 한다고 제안했다. 이 원리에 의하면, 과학 이론은 검증될 수는 없어도 반증될 수는 있다. 그러나 이 문제는 이 책의 범위를 넘는 문제다.

6. 확증편향[10]
내 손에 장을 지져요

어떤 가정이나 뉴스가 마음에 들면 그것과 모순될지도 모르는 사실을 확인하지 않은 채 옳다는 증거만 찾는 데에 몰두하는 경향을 '확증편향'이라고 한다. 그러니까 어떤 견해가 자신의 신념과 일치하면 받아들이고 그렇지 않으면 거부하는 보통 사람들의 경향을 뜻하는 말이다.

검증편향이 논리적 오류라면 확증편향은 감성(정)적 오류이다. 일단 확증편향에 빠지면 정보의 진실 여부와 관계없이 자신의 선입견이나 신념에 일치하는 정보만을 선택적으로 탐색한다. 따라

---

10 논리학에서는 '불완전 증거의 오류(Fallacy of incomplete evidence)'라고 한다. 자신의 입장을 뒷받침할 수 있는 자료만 편파적으로 제시하는 걸 의미한다. 마케팅 분야에서는 '체리만 먹는 얌체(cherry picking)'라고 하는데, 케이크 위에 올려진 체리만 골라 먹는 걸 가리킨다.

서 있는 대로 보는 것이 아니라, 보고 싶은 것만 보고, 듣고 싶은 것만 듣는다.

확증편향을 가지고 있는 사람은 자신의 편견을 제대로 보지 못한다. 이 편향이 얼마나 무서운지 베이컨F. Bacon[11]은 이렇게 말한다.

"인간의 지성은 일단 어떤 의견을 채택한 뒤에는 모든 얘기를 끌어들여 그 견해를 뒷받침하거나 동의한다. 설사 정반대를 가리키는 중요한 증거가 훨씬 더 많다고 해도 이를 무시하거나 간과하며 미리 결정한 내용에 죽어라고 매달려 이미 내린 결론의 정당성을 지키려 한다."

투자의 귀재 워런 버핏Warren Buffeett도 전적으로 베이컨의 견해에 공감한다.

"사람들이 가장 잘하는 것은 기존의 견해들이 온전하게 유지되도록 새로운 정보를 걸러 내는 일이다."

---

[11] Francis Bacon(1561~1626) : 아는 것이 힘(Knowledge is power)'이라는 말로 유명한 영국의 철학자. 〈tlsrlrhks(Novum Organum)〉에서 귀납 원리를 제시하여 경험주의 철학의 효시가 된다. 그의 4가지 우상, 즉 종족의 우상, 동굴의 우상, 시장의 우상, 극장의 우상은 아직도 우리 사회에 만연하고 있어 시사하는 바가 크다.

바로 이런 일이 오늘날 벌어지고 있다.

구글Google은 2009년 12월 검색결과를 사용자 개인에게 제공하는 맞춤 서비스를 시작했다. 동일한 용어를 검색하더라도 개개인에 따라 다른 결과가 나온다는 말이다. 이어서 뒤질세라 페이스북, 애플, 마이크로소프트도 개인의 정치적 성향, 관심사, 취미 등을 추적해서 그 사람의 흥미를 끌만한 맞춤 정보를 제공하고 있다.

이런 현상을 '정보 여과filter bubble'라고 한다. 일견 친절하기 이를데 없는 서비스로 보이지만, 이런 서비스는 보고 싶은 정보의 편식을 조장하여 확증편향을 강화하는 역효과를 가져올 수 있다. 이런 식으로 정보의 울타리에 가두어 다른 온라인에 존재하는 우리가 알지 못하는 것을 배울 수 있는 기회를 원천적으로 차단한다. 건강한 신체를 유지하려면 영양소를 골고루 섭취해야 하는 것처럼 건전한 사고를 갖추기 위해서는 다양한 콘텐츠를 접해야 한다.

"어떻게 이런 일이!"라는 탄식을 자아내는 대형 참사의 이면에는 관리자들의 확증편향이 작용한 경우가 적지 않다. 위험하다는 경고가 있어도 관리자들은 안전을 뒷받침해 주는 자료나 증거에만 눈을 돌리기 때문에 쉽게 경고를 무시하는 경향이 있다. 그래서 동서고금을 막론하고 수많은 정부나 기업, 군 지휘관, 지도자들이 확증편향에 빠져 어처구니없는 실수들을 저질러왔다.

지식이 많을수록, 경험이 풍부할수록 자신의 생각을 거스르기는 더욱 어려워진다. 어르신들이 고집이 센 이유가 여기에 있다. 고집불통인 사람은 자기만 옳다고 떠들고, 의견이 다른 상대방을 모두 적으로 돌린다. 노인들의 특징 중 하나는 대부분 확증편향 증세를 보인다는 사실에 있다.

역사적으로 모든 독재자들은 예외 없이 확증편향자들이었다고 해도 과언이 아니다.

학자들도 자신의 입지를 위협하는 도전적인 정보를 꺼린다. 논문의 경우 자신의 결론을 지지해 주는 사례들만 집중적으로 열거하고, 그렇지 않은 경우의 사례들은 무시해 버린다. 심지어 조작까지 한다. 당장 논문 실적을 올리기 위해 가설을 확증해 주는 정보만 찾기에 급급한 것이다.

그러나 과학의 역사에는 진지한 실패도 무수히 많다. 그 중의 하나가 골턴[12]의 우생학eugenics이다. 그는 유전의 역할을 과신한 나머지 개인의 성공은 환경이나 교육이 아니라 오직 타고난 천성이라고 굳게 믿었다. 유전자보다는 교육과 환경을 개선하여 인류를 개량해야 한다는 우경학優境學, euthenics도 있다.

법관들도 확증편향에서 자유롭지 못하다. 열린 마음으로 다양

---

12 Francis Galton(1822~1911), 영국의 유전학자. 유전학을 인류의 개선에 이용해야 한다고 주장하였다. 이 문제는 아직도 논의가 반복되고 있지만 나치스의 극단적인 우생정책 때문에 일반 대중은 대체로 부정적인 감정을 지니고 있다.

한 가능성을 보지 않고 선입견을 가지고 당사자의 주장을 경청하지 않은 채 재판 과정에서 확증편향에 빠질 수 있다. '무죄추정의 원칙'은 이런 사태를 방지하기 위한 제도적 장치다.

의사도 이런 편향 때문에 최초의 예감을 지지할 수 있는 증거 이외에 다른 가능성을 면밀하게 살피지 않는다. 이런 편향 때문에 희귀 질병들이 간과되고 쉽게 떠오르는 질병으로 오진을 내리게 된다.[13]

왜 이런 편향에 빠지는 걸까? 확증편향은 많은 지식인들이 빠지는 지적 함정이며 알고 있는 지식이 많을수록, 성공사례가 많을수록 자신의 신념을 거스르기는 어려워지기 때문이다. 만약에 중간에 가서 자신의 의견을 바꿀라치면 이제까지 틀린 의견을 주장한 꼴이 되어 '신뢰할 수 없는 사람'이 되어버리기 때문이다. 사람들의 강한 비판에도 불구하고 "그건 내 개인적인 생각이야!"라고 넘어가는 것은 자신의 관점을 바꿀 의사가 없다는 뜻이다. 일종의 '역효과 현상backfire effect'으로서 오히려 기존의 믿음을 강화한다. 생각을 바꾼다는 것은 자기 정체성에 도전이 되기 때문이다.

나아가서 종교적 확신과 정치적 노선, 철학적 신념들은 확증편향이 자라기에 아주 비옥한 토양을 제공한다. 대표적인 사건이

---

[13] 일설에 의하면 오진률이 대략 40%에 이른다고 한다. 가장 놀라는 사람들이 의사들이라고 하는데, 이유인즉슨, "그것밖에 안 돼?"

2001년 세계를 충격에 빠뜨린 9·11테러다.

그래서 같은 생각을 가진 사람들끼리만 교류하면서 자신들의 신념을 뒷받침할 이유들만을 쌓아 나갈 뿐 어떤 반대 증거도 진지하게 검토하려들지 않는다. 이해관계가 대립되는 당사자 사이에 나타나는 확증편향을 극복하는 일, 저자들은 민주주의의 성패가 여기에 달려 있다고 생각한다. 종교적 맹신과 정치적 확신은 개방사회를 위협하는 적이다. 확증편향 현상을 제동할 수 있는 장치, 즉 사실검증 시스템이 웬일인지 우리 사회에서는 잘 작동되지 않는다.

"인간은 자기가 보고 싶다고 생각하는 현실밖에 보지 못한다"는 율리우스 카이사르의 경고를 기억해야 할 것이다.

정치판의 확증편향을 '진영논리'라고 하는데 대표적인 '한국병'이다. 진영논리는 이슈가 되는 사안을 당파적 이해관계에 따라 해석한다. 즉 판단의 기준이 메시지가 아니라 메신저가 된다는 말이다. 예컨대 진보성향의 독자는 〈한겨레신문〉의 기사는 수용하지만 〈조선일보〉 기사는 불신한다는 것이다. 그 반대의 경우도 생각할 수 있다. 이렇게 되면 사회적 보편타당성을 기대하기 어렵다.

논쟁하는 쌍방은 상대가 확증편향에 빠져 있다고 서로 비난한다. 확증편향의 또 다른 사례로 각종 음모론을 들 수 있다. 음모론의 신봉자들은 객관적이고 과학적인 사실은 애써 외면하고 자신들만의 편향적인 믿음을 확대 재생산한다.

　범죄자 중에서도 가장 위험한 자들은 확신범들이다. 그들은 편견인 줄도 모르고 자신의 관점의 노예이기 때문에 다른 사람들의 견해에는 전혀 신경 쓰지 않는다. 더 나아가서 그들은 자신과 관점이 다른 사람들을 경멸까지 한다. 이런 사람들이 그 견해를 실천에 옮긴다면 국가뿐만 아니라 전 세계를 지옥에 빠뜨릴 수도 있다. 이것이 바로 히틀러나 네로가 저지른 짓이다.

　프랑스 혁명을 공포정치로 이끈 로베스피에르[14]는 확고부동한 신념의 인물이었다. 그는 자신이 옳은 일을 한다고 확신한 나머지 수많은 사람을 단두대로 보내면서도 양심의 가책을 느끼지 않은 냉혹하기 그지없는 인물이었다. 결과는 자신 역시 단두대에서 생애를 마친 것이다.

　수많은 시행착오를 거친 후에야 인류가 발견한 '토론'은 이런 확증편향을 저지하기 위해 중지가 모여진 산물이다. 유감스럽게도 우리 사회에서 토론 문화가 정립되기에는 아직 갈 길이 멀다.

　막스 웨버[15]는 그의 저서 《직업으로서의 학문1919》에서 "유능한 교수라면 학생들에게 그들의 입장을 정당화하기에는 불리한 사

14　Robespierre(1758~1794), 프랑스 대혁명 당시 공포정치의 주역. 순수하다고 자처하는 인간이 자신이 정의라고 확신하는 일을 할 때 얼마나 무서운 일이 벌어질 수 있는지 화끈하게 보여준 인물.

15　Max Weber(1864~1920), 독일의 저명한 사상가. 인용한 책에서 그는 교사는 특정한 세계관이나 당파의 입장에서 학생을 지도해서는 안 된다는 것을 강조한다.

실들을 인정하는 법을 가르쳐야 할 것이다"라고 말한다.

확증편향에 빠지지 않기 위해서는 자신과 다르게 생각하는 사람들이나 전혀 다른 경험을 가진 사람들과 함께하는 것이 바람직하다. 예를 들자면, 보수성향의 사람들은 진보성향의 신문이나 잡지를 보고, 진보성향의 사람들은 보수성향의 신문이나 잡지를 보는 것이다.

조직의 경우에는 쓴소리직언를 하는 레드 팀red team을 만드는 것이 바람직하다. 레드 팀은 객관적인 관점에서 조직의 주요 전략과 기획, 의사결정에 냉철한 조언을 제공한다. 중요한 프로젝트를 진행하면서 듣고 싶은 것만 듣고, 보고 싶은 것만 보고 있는 것은 아닌지, 요컨대 확증편향에 빠져있지는 않은지 철저하게 검증한다.

이렇게 해서 집단사고group think 속에 감추어진 보이지 않는 리스크와 기회비용을 점검한다.

예전에는 어떤 사업을 하기 위한 자금을 끌어오기 위해 먼저 제품을 만들어 가지고 와서 투자자들에게 제품의 우수성을 설명하고 설득하는 식으로 진행되었다.

그런데 오늘날에 와서는 제품에 대한 프레젠테이션이 먼저다. 주로 파워포인트로 진행되는 프레젠테이션이 비즈니스의 관례가 되어서, 여기에서 납득이 되면 투자하는 사람이 생긴다. 문제는 프레젠테이션의 내용이 전부 진실이라는 보장이 없다는 데에 있

다. 당연히 희망적인 억측이나 과장이 따르기 마련이다. 여기에서
도 확증편향이 기승을 부린다는 말이다.

최근 세계 최대 전자상거래 기업 아마존Amazon이 파워포인트 발
표를 금지했는데, 이것이 아마존이 세계 1등이 된 비결이라고 한
다. 확증편향을 사전에 차단한 대표적인 사례로 꼽을 만하다.

확증편향이 위험한 이유는 너무 쉽게 독단과 지적 오만에 빠진
다는 사실에 있다. 그래서 개인이든 국가든, 자기는 옳고 상대는
틀렸다고 확신하기 때문에 늘 다툼이 그칠 날이 없는 것이다.

에라스무스[16]가 《우신예찬愚神禮讚, 1511》에서 가장 미워한 것이 '전
대적 확신'이었다. 이런 확신은 쉽게 광신으로 변할 수 있기 때문
이다.

---

16 Erasmus(1466~1536), 네델란드의 가톨릭 사제.
　　근대 자유주의의 선구자로 르네상스 시기 중요한 인문학자 중 한 사람이다.

7. 대표성편향
내 친구가 그러는데, 걔 못됐대

　　　대표성편향이란 소수의 표본이 전체 모집단의 대표성을 지닌다고 잘못 가정하는 편향이다. 이것은 하나의 원형적 사고에 이끌려 그 원형에 반反하는 가능성들을 고려하지 못하는 데에서 발생한다.

　예를 들자면, 박사 학위를 받은 사람은 학사 학위 소유자에 비해 〈코리아 타임스〉를 구독할 가능성이 더 높다. 이런 판단은 원형적 사고에 의거한 판단이다. 서울 지하철에서 이 신문을 읽고 있는 한 승객을 보았을 때, 이 승객은 박사 학위를 갖고 있을까?

　당신이 나처럼 이 질문에 "그렇다!"라고 답한다면 우리는 '기저율 무시base rate neglect'라는 심리적 오류를 범한 것이다. 왜냐하면 지하철 이용자들 중 박사 학위 소지자보다 학사 학위 소지자들이 훨씬 더 많기 때문이다. 이처럼 소수의 샘플이 전체 모집단의 대표성을 지닌다고 잘못된 가정을 하게 되는 현상을 '소수의 법칙law of small numbers'이라고 하며, 이로 인해 대표성편향이 나타나게 된다. 다른 말로 하자면, 대표성편향에 빠지는 사람들은 '소수의 법칙'[17]을 추구하는 경향을 보인다는 말이다.

다시 말해서, 소수의 법칙은 표본 집단이 아주 작을 때조차도 전체 집단의 특성을 대변한다고 착각하는 경향을 말한다. '하나를 보면 열을 안다'는 속담 역시 대표성편향의 예로 볼 수 있다.

그러나 소수의 법칙은 의외로 힘이 세다.

가령 당신의 친구가 어떤 식당에서 주문한 샐러드에서 머리카락이 나왔다고 당신에게 말한다면 이 사실은 당신에게 큰 영향을 미칠 것이다. 사실 그 식당은 매우 청결한 식당이고 머리카락 건은 극히 예외적인 경우일지도 모르는데 말이다.

그러나 당신은 '소수의 법칙'에 따라 그 음식점에 대해 매우 부정적인 생각을 갖게 될 것이다. 유사한 사례로, '골프 황제' 타이거 우즈의 전복사고로 제네시스 GV80은 미국에서 역대급 판매량을 기록했다고 한다. '소수의 법칙' 덕을 톡톡히 본 셈이다.[18]

---

17 제대로 된 법칙은 '대수의 법칙(law of large numbers)', 표본의 크기가 클수록 표본의 특성이 모집단(전체)의 특성을 더 잘 대표한다.

18 물론 미국 고속도로 안전보험협회(IIHS) 주관하는 충돌평가에서 최고 등급인 TSP+(Top Safety Pick+)를 받아 안전성이 입증되었지만 이런 사실도 사고 후에 알려진 것이다.

대표성편향의 또 다른 사례로 '표본편향'이라는 것이 있다. 이는 소규모 표본에 대해 지나친 신뢰를 갖는 것을 말한다. 대표성이 결여된 표본으로 모집단[19]에 대해 결론을 내리는 것인데, 이는 표본과 모집단의 구조가 다를 때 발생한다.

다음 사례를 보면 무슨 말인지 이해가 될 것이다.

사실 잡지사가 우편을 보내기 위해 사용한 전화번호부와 자동차명부는 구독자들의 것인데, 당시 전화기와 자동차를 소유한 사람은 부유층이었다. 그러니까 모집단에는 부유층 비율은 낮은데, 표본에서는 부유층 비율은 매우 높았기 때문에 성급한 일반화가 된 것이다. 반면 5만 명을 조사한 갤럽은 모집단을 연령, 성별, 소득, 주거지, 정치적 성향 등에 따라 구분해서 그에 비례하는 표본을 뽑아 정확한 분석을 할 수 있었던 것이다.

이와 유사하지만 다른 편향된 표본의 사례를 보자. 어떤 인기 탤런트가 여론조사에서 자신의 지지율이 80%에 달한다고 자랑하며 다닌다고 하자. 사실을 들여다보면 이것이 얼마나 허구인지 알게 될 것이다.

갤럽에서 총 3만 통의 전화를 했다고 한다. 그중 무응답이 6천

---

19 모집단(population) : 관찰대상이 되는 전체 집합
표본(sample) : 모집단의 부분집합
표집(sampling) : 모집단에서 표본을 추출하는 행위
일반화(generalization) : 표본 특성을 통해 모집단의 특성을 추론하는 과정

통이고, 부재중이거나 접속 실패가 1만8천 통. 결국 6천 통만 통화가 되었다. 그런데 이 중 취지를 말하자 아예 끊어 버리거나 통화 중에 끊어 버린 사람이 5천 명이니 실제 통화된 사람은 1천 명에 불과했다.

최종 응답자 1천 명을 대상으로 조사한 결과, 지지자 8백 명이 이 탤런트가 잘한다고 지지하여 80%가 된 것이다. 그러나 통화 중에 끊어 버리거나 취지를 말하자 끊은 것은 결국 이 탤런트가 마음에 들지 않거나 답변도 하기 싫은 사람들이므로, 결과적으로 보면 6천 명 중 8백 명이 지지했으므로 실제 지지율은 13.3%에 불과한 것이다. 측정치가 목적이 되면 정확한 측정은 물 건너간다는 '굿하트의 법칙Goodhart's law'은 여기에서 유감없이 그 진가를 발휘한다. 유감스럽게도 이런 표본편향은 이른바 언론 플레이의 핵심이 된 것 같다.

8. 만장일치의 함정

악마의 변호사는 왜 필요한가?

　　　　　　여론을 진정시키는 데에는 효과가 있을지 몰라도, 진실을 추구하는 입장에서 보자면, 만장일치에는 숱한 부비트랩이 숨어있다.

　유대인들의 경전《탈무드》에 의하면 만장일치로 결정된 것은 무효라고 한다. 심지어 살인범을 재판하는데 있어서도 재판관 중 한 명은 처음부터 피고의 무죄를 변호하도록 정해 놓고 있다. 나머지 재판관들은 심리 도중 자신의 견해를 바꿔 피고의 무죄를 주장할 수 있다. 그러나 무죄를 변호하는 재판관이 도중에 유죄를 주장하는 것은 금지되어 있다.

　따라서 만장일치로 무죄 판결이 내려질 수는 있지만, 유죄를 만장일치로 결정하는 일은 결코 일어나지 않는다.

다시 말해서 재판관의 만장일치로 결정된 사형선고는 무효가 된다는 말이다. 그 이유는 재판에 관해서는 언제나 두 가지 견해가 있어야 한다고 생각하기 때문이다. 한 가지 의견밖에 나오지 않을 경우 공정한 재판이 되지 못할 우려가 크기 때문이다. 헌법재판소 판단결정의 90% 이상이 재판관 9인의 전원일치만장일치로 내려지고 있는 현실을 감안할 때 이는 시사하는 바가 크다.

2017년 3월 10일, 헌법재판소는 반대 의견 없는 8인 재판관의 만장일치로 대통령을 파면하였다.[20] 여기에서 헌재의 결정에 시시비비하는 것은 무모한 일이다. 그러나 이 엄중한 사안에서 반대의견이 단 하나도 없었다는 사실에 우리는 적지 않게 놀랐다.

사회심리학자들은 "최상의 선택으로 여겨졌던 만장일치의 결정은 최악의 선택이 될 수도 있다"고 경고한다. 1961년 케네디 대통령 당시 쿠바 침공에서 미국이 참담한 패배를 당한 것은 '만장일치의 오류' 때문이라는 역사적 평가도 있다.

케네디 행정부의 고문이었고 이 계획을 반대했던 역사학자 아서 슐레진저는 누구나 동의하는 게 당연하다는 회의 분위기에 짓눌려 바른 말을 하지 못했다고 훗날 회고했다.

이런 사례들은 위기 상황에서 중요한 의사 결정을 소수 전문가

---

[20] 헌재의 재판관 정원은 9인 이었으나 당시는 헌재 소장이 임기 만료로 퇴임한 직후여서 총 8인으로 전원재판부가 구성되었다.

손에만 맡기면 아주 위험한 결과를 초래할 수 있음을 잘 보여 주는 사례들이다. 이런 오류를 극복하기 위해 많은 기업이나 조직에서 이른바 '악마의 변호사$_{Avocat\ de\ Diable}$' 제도를 운영한다.[21] 미국에서는 이른바 '대책그룹$_{Counter\ Mesure\ Groups}$'을 가동시키는데, 이 그룹은 가상의 적敵 역할을 담당하며, 극히 우수한 연구자들로 구성된다. 그러나 진짜 적과 다른 점은 이들에게는 원하는 모든 정보가 제공된다는 점이다.

누군가 주은래에게 프랑스 혁명에 대해 어떻게 생각하느냐고 묻자, 그는 "판단하기에는 너무 이르다!"라고 답변했다고 한다.

우리는 헌재의 결정에 대해서도 똑같은 말을 하고 싶다. "판단하기에는 너무 이르다! 역사의 법정이 기다리고 있다"는 말이다.

우리는 평소 헌법재판소가 배타적으로 법률가들로만 구성되는 것이 과연 바람직한 일인지 의문을 가지고 있다. 국가 기관치고 중요하지 않은 기관은 없겠지만, 국가의 명운을 좌우하는 헌법재판소는 나라에서 가장 지혜로운 현자賢者들의 모임이 되어야 하지 않을까 한다.

---

21 '악마의 변호사'(devil's advocate)는 오래전 교황청이 성인을 추대하는 과정에서 공식적으로 임명했던 사람을 일컫는다. 가톨릭 율사 중에서 뽑았다. 그는 후보가 성인으로 추대돼서는 안 된다고 주장하는 역할을 맡는다. 조사와 검증을 통해 후보의 결격 사유를 파헤치고 부당함을 끈질기게 설득한다. 그런 역할을 '악마'라고 부른 데서 나온 말이다. 이것이 유래가 되어서 기업의 의사결정 과정에서 반대 입장을 취하면서 대안이 있는지를 모색하는 역할이 주어진 사람을 그렇게 부르게 되었다. 의도적으로 사사건건 딴지를 거는 '선의의 비판자'인 것이다.

그렇다면 법률가를 비롯하여 인격과 능력이 검증된 학자, 예술가, 과학자, 노동계 지도자, 종교계 지도자 등 각계각층의 인사들로 구성되는 것이 보다 더 바람직하지 않을까?

참고로 우리의 주장을 뒷받침하는 사례로 프랑스 헌법재판소_{헌법평의회}의 구성에 대해 소개한다. 프랑스 헌법재판소는 대통령, 상원, 하원이 각각 3명씩 추천하여 9명으로 구성된다. 선거권을 가진 시민은 누구나 추천받을 수 있다. 매우 흥미로운 것은 헌법재판소의 구성원은 꼭 법률가일 필요는 없다는 것이다. 법률가를 위시하여 능력과 인품이 사회적으로 인정받은 인사들이면 충분하다. 예를 들어, 전前 국회의원, 전직 장관, 대학교수, 변호사 그리고 프랑스 한림원Academie francaise의 회원이 주로 추천을 받는다.

우리나라처럼 법관들로만 배타적으로 이루어지지 않는다는 말이다. 우리는 이 문제가 공론화되기를 바라마지 않는다. 지혜의 대명사 솔로몬왕을 타산지석으로 삼아야 하지 않겠는가.

9. 현상유지편향
가만있으면 중간은 가지

　　　　사람들마다 좋아하는 단골 음식점이나 까페가 있게
마련이다. 그리고 좀처럼 주거래 은행을 바꾸려고 하지 않는다.
또한 특정 브랜드만에 충성을 다한다. 왜 그럴까?

　답은 간단하다. 현재 상태를 깨고 싶은 생각이 없는 것이다. 이
런 현상을 우아하게 '귀차니즘'이라고 부른다. 이를 잘 보여주는
사례가 있다. 독일과 오스트리아는 인접국가로서 공용어도 같은
독일어다. 그런데 독일과 오스트리아 국민들이 장기 기증에 동의
한 비율은 각각 12%와 99%로 아주 큰 차이가 난다. 왜 그럴까?

　독일에서는 장기 기증을 원하는 사람들은 별도로 동의서를 작
성해 제출해야한다. 원하지 않는 사람은 아무런 일도 하지 않아
도 된다. 즉 독일에서는 기본선택default option이 장기 기증을 안 하는

것으로 되어 있다. 반면에, 오스트리아는 장기 기증을 기본선택으로 삼고, 원하지 않는 국민은 따로 거부의사를 밝혀야 한다. 이제 여러분은 감을 잡았을 것이다. 기본선택의 차이가 독일과 오스트리아 간에 그렇게도 큰 차이를 가져온 것이다. 바로 귀차니즘이 작용한 것이란 말이다.

이 사례는 공공정책과 관련해 시사하는 바가 맹 크다. 오스트리아는 '넛지_{nudge}'를 사용한 것이다. 넛지란 팔을 잡아끄는 것이 아니라 '팔꿈치로 슬쩍 찌르다'를 뜻한다. 이로부터 '사람들의 선택을 유도하는 부드러운 개입'이라는 의미로 진화했다. 대표적인 사례로 암스테르담 공항 화장실 소변기에 파리를 그려 넣은 것이다. 그러자 화장실이 몰라보게 깨끗해졌다. 이 아이디어는 전 세계로 퍼져 나갔고 국내에서도 많이 볼 수 있다.

현상유지편향과 유사한 개념으로 부작위편향_{omission bias}과 손실회피편향_{loss aversion}이 있다. 부작위편향은 "가만히 있으면 중간은 간다"는 태도로 최소한의 일만 하려는 경향이다.

비유적으로 복지부동_{伏地不動, 땅에 엎드려 움직이지 않는다}이라는 뜻으로도 쓰이는데, 언론에서 공무원 집단의 소극적 태도를 지탄할 때 쓰이는 용어다. 그런데 우리나라에서처럼 정권이 바뀔 때마다 주요 사업에 관여했던 공무원들을 벌주는 상황에서는 그들의 딱한 처지가 이해 안 되는 바도 아니다. 다음 정권에서 틀림없이 시비 걸고 나올 정책에 누가 책임지고 열심히 할 마음이 나겠는가.

손실회피편향은 모든 변화를 위험한 모험으로 간주해서 현상유지를 선호한다.

현상유지편향은 긍정적인 방향으로 갈 수도 있다. 고객관리에서 기업은 확보한 고객이 다른 브랜드로 가지 못하게 붙잡아 놓으려고 현상유지편향을 유지하고자 한다. 이런 마케팅을 'CRM_{Customer Relationship Management}마케팅'이라고 한다.

이것은 현재의 상태를 기준점으로 삼는다는 점에서 '닻 내림 효과'와 일맥상통한다.

그러나 현상유지편향은 아무래도 부정적인 의미가 더 크다. 새로운 시도를 두려워하고 현재 상태에만 만족한다면 개인적 몰락과 정체를 초래할 수도 있다는 점을 잊지 말아야겠다.

10. 인지부조화

아파트의 비극

1957년 레온 페스팅거[22]는 《인지부조화이론A theory of Cognitive Dissonance》이라는 책을 발표한다. 여기서 '인지'는 생활환경이나 자기 자신 내지 자신의 행동에 대한 인식, 태도, 판단, 믿음 등 요컨대 무엇을 안다는 포괄적 용어다.

인간은 누구나 일관성의 유지라는 기본적인 욕구를 가지고 있는데 두 가지 양립 불가능한 인지 요소가 대립할 때 또는 행동과 신념이 충돌할 때 '부조화'라는 심리적 불편함을 느끼게 된다. 자신이 스스로 한 행동이 평소의 생각과 믿음에 모순되는 상황에 부딪치게 되면 심리적으로 불편한 상태에 빠지게 된다.

---

22 Leon Festinger(1919–1989), 미국의 탁월한 사회심리학자.

심리적 갈등을 줄이기 위해 나타나는 태도 또는 행동을 변화시켜 양자의 조화를 도모한다. 흡연을 예로 들어 설명해보자.

우리는 흡연이 건강에 나쁜 영향을 미칠 수 있다는 것을 알고 있다.인식 그러나 흡연자들은 계속 담배를 피면서행동 심리적 긴장과 불편을 경험한다. 두 가지 해결책이 있다.

첫째, 담배를 끊는 행동금연을 선택한다. 그러나 천년 묵은 능구렁이가 담배를 끊지 못하게 숱한 이유를 제공하기 때문에 금연은 좀처럼 쉽지 않다.

그래서 두 번째 해결책은 나의 태도를 바꾸는 것이다. 90세가 넘은 할머니가 꽁초까지 쪽쪽 빨아 피워도 아무 문제도 없더라, 아니 무엇보다 담배는 스트레스 완화에 큰 도움이 된다. 이런 식으로 자기합리화를 꾀한다.

이솝 우화에 나오는 '여우와 신포도'에서 여우가 택한 방식이다. 포도가 먹고 싶은데태도 포도를 따려고 하는데행동 여의치 못하자 여우는 태도를 바꾼다. "저 포도는 시어서 먹을 수 없어!" 이렇듯 인지부조화는 자기합리화의 선행조건이 된다.

《뇌호흡》의 저자 이승헌 선생이 미국 개척의 큰 꿈을 품고 뉴욕 JFK공항에 내렸을 때, 그를 반긴 건 다름 아닌 소매치기들이었다. 5천불의 정착금과 옷이 든 가방을 눈 깜짝할 사이에 도난당하고 잠시 아연실색했으나 곧바로 다른 선택을 했다. 자신이 소매치기를 당한 것이 아니라, 뉴욕시에 5천불을 기부했다고 생각하기로 했다. 그리고 10년 후에는 오늘 기부한 것의 1,000배를 이곳 미국에서 얻으리라고 결심했다.[23]

행동에는 많은 제약이 따르지만, 마음을 바꾸는 데는 그야말로 맘먹기에 달렸다.

인지부조화가 해를 끼칠 수 있는 영역은 광범위하다. 개별 차원에서는 충동구매 후 후회할 때 또는 어떤 물건을 사고 나서 마음에 들지 않아 겪게 되는 불편한 감정이다.

자동차나 집의 구매와 같이 선택을 취소할 수 없을 때 구매 후 인지부조화가 더 클 수 있으며, 이를 해소하려는 노력도 더 크게 나타날 것이고 심지어 비극으로 끝날 수도 있다.[24]

성인군자가 아닌 이상 인지부조화에서 자유로운 사람은 없다. 문제가 되는 것은 어리석은 선택을 하고 난 후에 끝까지 자신의 잘못을 인정하지 않는 경우이다.

---

23 그러니 이솝우화의 여우를 너무 비난하지 말라!

24 2021년 3월 27일 서울 양천구 목동의 한 아파트에서 30대 남성이 아내를 흉기로 찌른 뒤 투신자살하는 비극이 벌어졌다. 딸 바보인 이들 부부는 4년전 좋은 학군을 찾아 경기도 광명에서 이사 왔다. 이때는 집값과 전세금의 차이가 크지 않아서 아내는 집을 사자고 했으나 남편은 좀 더 기다려 보자고 했다. 그런데 4년 후 집값이 터무니없이 치솟아 전세금으로는 어림도 없는 상황이 되었다. 부인은 너무 분해서 "내가 사자고 했는데 당신이 말렸잖아!"라고 시도 때도 없이 남편을 들볶았던 것이다. 둘 다 전문직인 이 부부가 딸을 위해서 한 일인데 너무나 안타까운 사연이다.

들건대 '군자에게는 병폐가 되는 것이 셋이 있다'고 한다.

첫째, 선을 악으로 알거나 악을 선으로 그릇되게 아는 의견의 병폐意見之病.

둘째, 선인 줄 알면서도 선을 따르지 못하고, 악인 줄 알면서 악을 버리지 못하는 지기志氣의 병폐志氣之病.

셋째, 선을 알면서 선을 따르지 못하고 그 따르지 못하는 것을 부끄러워하여 "저것은 진실로 선이 아니다"라고 변명하고, 악을 알면서도 버리지 못하고, 버리지 못하는 것을 부끄러워하여 "이것은 진실로 악이 아니다"라고 변명하고 고집하여 자기를 합리화하는 심술의 병心術之病, 이 세 가지다.

의견의 병은 깨달아 알면 없앨 수 있고, 지기의 병은 의지를 갖고 힘써 노력하면 버릴 수 있으나, 심술의 병은 죽어야 끝날 뿐이다.[25]

_김매순[26]《손님에게 응답함應客, 대산집臺山集》

---

25 저자(이석연)는 다산 정약용 선생의 글을 읽을 때마다 자신도 모르게 무릎을 친 일이 몇 번 있었다. 대산 김매순 선생의 이 글을 읽으면서도 '하늘 아래 새로운 것은 없다.'는 말을 상기하면서 무릎을 쳤다.

26 대산(臺山) 김매순(金邁淳, 1776~1840) 다산 정약용보다 14살 아래로, 다산이 환갑이던 해 학문적 토론을 했다고 한다. 생각이 틔고 학문이 깊었다고 한다. 병조참판을 거쳐 강화부유수를 지냈다.

의견의 병은 깨닫고 배우면 없앨 수 있고, 지기의 병은 의지를 갖고 힘써 노력하면 없앨 수 있으나, 심술의 병은 아무리 노력해도 고칠 수 없다는 말이다.

세 번째 '심술지병'이 인지부조화의 다음 단계인 '자기합리화'인데, 믿음에 부합하지 않는 것들을 무시하고 심지어 부정까지 마다하지 않는다. 이것은 세상을 망칠 수도 있는 아주 위험한 자기합리화이다.

인간은 잘못을 저지르고 신은 용서한다. 어차피 엎질러진 물이라면, 이럴 때 내가 할 수 있는 최선의 방법은?

성 어거스틴은 아담과 하와가 사과를 따먹은 죄를 '복된 죄Felix culpa'라고 했다. 이로 인해 예수님이 강림했다는 이유에서다.

가롯 유다와 베드로는 둘 다 예수를 배신했다. 두 사람의 차이는 무엇인가? 가롯 유다는 자신을 용서할 수 없었기 때문에 자살을 했지만 베드로는 참회하고 순교자가 되었다.

골문 바로 앞에서 골인에 실패한 선수가 십여분 만에 골인을 성공시키는 경우가 가끔 생긴다. 만약 그 선수가 계속 자책감에 시달렸다면 그럴 수 없었을 것이다. 이처럼 때로는 자신을 용서할 줄도 알아야 한다.

인지부조화 이론은 인간을 연구하는 인간학에서 다루어야 할 훌륭한 주제이다. 성인군자가 아닌 이상 인지부조화에서 자유로

운 사람은 없기 때문에, 인간이 어떻게 자기합리화를 도모하는지
에 대한 이해를 제공할 수 있기 때문이다.

판단력 수업

인간은 일단 기준점이 설정되면 이후에 접하게 되는 정보를
이 기준점을 참고해서 해석하는 경향이 있다.
배가 닻을 내리면 밧줄의 범위 내에서만 움직일 수 있듯이,
거래나 협상에서 최초에 제시된 제안이 기준점이 되어
그 후의 판단에 영향을 미친다.

제3장

지혜로운
의사결정 효과

판단력 수업

●

1. 닻내림효과
기선을 제압하라

배가 닻anchor을 내리면 그 지점이 기준점이 되듯이, 유명 브랜드나 어떤 주어진 숫자가 기준이 되어 편파적인 영향을 미치는 현상이다.

명품 루이비통 가방이 싸구려 가방보다 기능이 더 우수한가? 그렇지는 않을 것이다. 가방은 가방일 뿐이다. 하지만 루이비통은 사회적 가치를 반영하는 닻이다. 그래서 엄청난 고가임에도 고객들이 구매를 주저하지 않는 것이다.

인간은 일단 기준점이 설정되면 이후에 접하게 되는 정보를 이 기준점을 참고해서 해석하는 경향이 있다. 배가 닻을 내리면 밧줄의 범위 내에서만 움직일 수 있듯이, 거래나 협상에서 최초에 제시된 제안이 기준점이 되어 그 후의 판단에 영향을 미친다.

이런 '정박효과'는 쇼핑, 비즈니스, 정상회담에 이르기까지 매우 광범위하게 일어나는 현상이다. 요즘 대형마트에서는 다양한 방법으로 판촉활동을 벌이는데, 가령 '원 플러스 원$_{1+1}$' 같은 행사에서 기존 가격을 아는 구매자는 이득을 보았다고 생각해서 보다 쉽게 구매할 것이다. 연봉협상에서도 최초에 제시된 금액이 정박효과를 발휘하기 때문에, 먼저 숫자를 제시하는 쪽이 유리하다. 부동산 재벌 시절 도널드 트럼프$_{Donald Trump}$는 자신이 돈을 잘 버는 비결이 바로 정박효과였음을 털어놓았다[1].

판사도 검사의 구형량으로부터 자유롭지 못한데, 그것이 일종의 기준점으로 작용하기 때문이다. 검사의 구형은 일종의 초두효과$_{primacy effect}$[2]로 작용하기 때문이다.

〈제2장-9〉에서 취급하는 '현상유지편$_{status qua bias}$'은 현재의 상태를 기준점으로 삼는다는 점에서 '닻내림효과'와 일맥상통한다.

사실 상인이라면 오래 전부터 정박효과를 다 잘 알고 있었다. 정찰제가 아닌 상품의 가격은 일단 세게 부르고 본다. 아무리 약은 소비자라도 이 가격을 기준으로 에누리를 시도하기 마련이니

---

1 "누군가로부터 건축의뢰를 받을 때, 나는 언제나 가격에 5,000만 달러 혹은 6,000만 달러 정도를 더 붙인다. 고객이 7,500만 달러를 부르면 나는 1억2,500만 달러 정도 들 것이라 하고 실은 1억 달러에 짓는다. 치사한 짓을 하고 있는 셈이다. 그래도 사람들은 내가 대단한 일을 했다고 생각한다."

2 맨 처음에 제시된 정보가 나중에 제시된 정보보다 더 강력한 영향을 미치는 현상으로 '첫인상효과'라고도 한다.

까. 닻내림효과를 막아 낸 저자정계섭의 경험을 소개하고자 한다. 우리가 볼 때, 상인들 특히 프랑스 벼룩시장 상인들은 모두 관상쟁이가 아닌가 싶다. 고객을 위아래로 쓱 훑어보고 나서야 가격을 부른다. 그들의 놀라운 두뇌회전력은 가히 칭찬할 만하다. 저자가 멍청하게 보였는지 늘 바가지를 쓰고 다녔다.

그런데 그 파리 벼룩시장에서 아이쇼핑을 하다 맘에 드는 낙타 가죽 가방을 발견했다. 가격을 물으니, 역시나 위아래로 훑어보고 나서 1,000유로를 부른다. 나는 계획에 없던 즉흥적인 쇼핑인지라 사도 그만 안사도 그만이어서 내 편에서 닻내림을 시도했다. "300유로!" 상인은 1~2초 주저하는가 싶더니 "오늘만 예외적으로"라는 단서를 달면서 "OK, ça va좋다!"라고 하는 게 아닌가. 내 평생 전무후무한 쾌거를 이루어 일주일간 정말 기분이 좋았다. 그러나 이 가방이 과연 300유로우리 돈 50여만 원의 가치가 있는지 의문이 떠오른 것은 이로부터 수십 년이 지나서였다.

전혀 다른 차원에서, 닻내림효과는 정신수양에도 응용할 수 있다. 대부분의 사람들은 엎질러진 우유 때문에 마음이 편치 못하고, 내일 건너야 할 다리를 미리 건너느라 근심걱정에 쌓인다. 우리의 마음은 '지금여기'에 머무르지 못하고 과거에 대한 회한과 미래에 대한 두려움 때문에 정작 가장 중요한 현재를 제대로 살지 못한다는 말이다. 이럴 때 자신의 호흡을 닻으로 삼아 호흡에 주의를 기울여라. 호흡은 몸과 마음을 연결해주는 통로가 되기 때문에 호흡을 의식하면 자연스럽게 '지금 여기'로 돌아올 수 있다.

'지금 여기'에 머무른다는 것은 '깨어있다'는 말이다. 제정신을 차리고 전적으로 현존할 때 우리는 깨어있는 것이다. 이렇게 '마음챙김mindfulness'을 하면 시간은 우리 편이 된다. 우리를 몰아붙이는 크로노스의 시간이 아니라 기회와 축복으로서의 시간 즉 카이로스의 시간을 누릴 수 있게 되는 것이다.

2. 포러효과
우리 점쟁이 참 용해

'바넘효과'라고도 하는데, 일반적이고 모호해서 누구에게나 적용될 수 있는 성격묘사를 각 개인이 자신에게만 적용되는 것으로 받아들이는 경향을 말한다. 이 이름의 유래는 서커스 단장 바넘에서 유래하는데, 그는 "모든 사람을 만족하게 할 수 있는 무언가가 있습니다We've got something for everyone"라는 문구를 즐겨 사용했고, 이 말이 바넘효과의 내용과 잘 맞아떨어져서 이 사람의 이름을 따서 그렇게 지은 것이다.

사람들이 보편적으로 지니고 있는 성격이나 특징을 자신만의 특성으로 여기는 경향을 발견한 심리학 교수 포러Bertram Forer의 이름을 따서 '포러효과'라고 부르기도 한다.

포러는 1948년 학생들에게 성격 검사를 실시한다는 명목으로 질문을 던져 대답을 이끌어 낸 다음, 그들에게 결과를 통보했다. 학생들은 자신에 대한 성격 진단이 얼마나 맞는지 0점정확하지 않음에서 5점정확함까지 평가하게 했다. 그런데 학생들은 다음과 같이 모두에게 똑같은 진단 내용을 준 것을 몰랐다.

A1	당신은 다른 사람들이 당신을 좋아하고 존경하기를 바라는 큰 욕구를 갖고 있다.
A2	당신은 자신에게 비판적인 경향이 있다.
A3	당신은 다소의 성격적 결함을 갖고 있는 반면, 일반적으로 그것들을 상쇄시킬 수 있다.
A4	당신은 성격 조절에 있어서 문제를 갖고 있다. 외면적으로 규칙적이고 자제심 있는 당신은 내면적으로 걱정되며 불안정한 경향이 있다.
A5	가끔 당신은 당신이 옳은 결정을 내렸는지 또는 옳은 것을 했는지에 대해 심각한 의심을 품게 된다.
A6	당신은 어느 정도의 변화와 다양성을 선호하며 구속과 규제로 갇히게 되면 불만스러울 것이다.
A7	당신은 자신이 독립적인 자유로운 사고를 지닌 사람임을 자랑스러워하며 납득할 만한 증거가 없는 다른 사람의 말은 받아들이지 않는다.
A8	당신은 너무 솔직하게 당신을 다른 사람에게 드러내는 것은 어리석은 짓이라고 생각한다. 때로는 당신은 외향적이고 친절하며 사교적이지만, 때로는 내향적이고 경계하며 내성적이다.
A9	당신의 염원들 중 일부는 매우 비현실적인 경향이 있다.
A10	안전은 당신의 삶에 있어서 주요한 목표들 가운데 하나이다.

그런데도 학생들은 그 진단이 자기에게 해당된다고 믿고 평균 4.3이나 되는 높은 점수를 주었다. 요컨대 포러효과는 성격에 대한 모호하고 보편적인 묘사들이 자신과 정확하게 일치한다고 믿는 경향을 말한다. 점쟁이, 광고업자와 정치인들이 이런 점을 많이 이용한다. 이들은 누구에게나 적용될 수 있는 광범위하거나 모호한 말을 하지만, 사람들은 자기 자신에게만 해당되는 특별한 이야기로 재해석해서 듣는다.

교회의 신도들이 감격하는 이유도 유사하다. 오늘 어쩌면 그렇게도 내 처지를 잘 아시고 설교를 하실까!

유사한 개념으로 '우물효과'가 있는데, 어떤 말이 애매하고 모호할수록우물이 깊을수록 그 말을 듣는 사람은 거기에서 자기 자신의 모습을 더 많이 보게 되는 현상을 가리킨다. 영화감독들 중에도 우물효과를 잘 활용하는 이들이 있다. 영화의 결론을 모호하게 만들어 다양한 해석의 여지를 준다. 이렇게 되면 전혀 예상치 못한 기발한 의미가 평론가나 관객들에게서 나올 수 있다. 별 의미 없이 만든 부분까지 거창하게 해석해주는데 굳이 아니라고 부정할 필요가 있겠는가. 게다가 다양한 토론이 진행될수록 자신의 영화가 이슈화 될 수 있으니 굳이 감독 자신의 의도를 밝힐 필요는 없어진다.

포러효과가 중요한 이유는 이것이 '콜드 리딩cold reading'과 직결되기 때문이다. 콜드 리딩이란 상대에 대해 아무런 사전 정보가 없는 상태에서 그 사람의 신체언어, 음색과 억양, 패션, 헤어스타일, 성별, 취향, 종교, 교육 수준, 말하는 방식 등을 주의 깊게 분석하여 상대의 속마음을 간파하는 기술을 의미한다.

이런 고도의 심리학적 기술은 짐작하는 바처럼 점쟁이나 심리치료사들이 사용하는데, 이를 통해 상대의 비밀을 털어놓게 하거나 자신들의 말을 맹목적으로 믿게 만든다. 바넘은 심지어 "대중은 속기 위해 태어났다"는 말까지도 했다고 한다.

저자들도 포러효과로부터 자유롭지 못하다. 신문을 볼 때 '그날의 운세'를 보는 습관이 있는데, 나와 생일이 같은 사람이 수만 명은 될 터이지만 그 정보가 나에게만 해당되는 것처럼 해석하기 일쑤다. 그러나 운세가 나쁘게 나온 날은 조심하고, 좋게 나온 날은 기분이 좋으니 나쁠 것도 없지 않은가.

3. 더닝-크루거효과
무식하면 용감하다

코넬대 대학원생 더닝과 크루거 교수가 45명의 학부생에게 논리적 사고에 관한 20문제를 가지고 시험을 치르게 한 뒤 각자 예상하는 성적 순위를 제출하도록 주문하였다. 그 결과 성적이 낮은 학생은 예상 순위를 높게 잡았지만, 성적이 높은 학생은 스스로를 낮게 평가하였다.

능력이 없는 사람은 다음과 같은 경향을 보인다고 한다.

⑴ 자신의 능력을 과대평가 한다.

⑵ 다른 사람의 진정한 능력을 알아보지 못한다.

⑶ 자신의 무능으로 생긴 곤경을 알아보지 못하고 남 탓으로 돌린다.

이렇게 무능한 사람일수록 자신을 과대평가하는 반면, 유능한 사람은 자신을 과소평가하는 경향을, 두 사람의 이름을 따서 '더닝-크루거효과'라고 한다.

러셀[3]은 이런 경향에 대해 다음과 같이 말한다.

"우리 시대의 고통스러운 것들 중 하나는 자신감을 느끼는 사람은 어리석은 반면, 상상력과 이해도를 갖춘 이들은 스스로를 의심한다는 것이다."

찰스 다윈[4]도 "무지는 지식보다 더 확신을 가지게 한다"라고 개탄하였다. '빈 수레가 요란하다'고 하지 않던가. 사람들은 자신이 천재가 아니고 뛰어난 외모의 소유자가 아니라는 사실은 기꺼이 인정한다. 그러나 인간적인 매력 등에서 자신이 평균 이하라고 인정하는 사람은 극히 드물다.

하지만 통계적으로 우리들 중 절반은 평균 이하이다. 크루거와 더닝은 "능력이 없는 사람의 착오는 자신에 대한 오해에서 기인한

3　Bertrand Russell(1872~1970). 수리논리학 발전에 결정적 기여를 한 수학자이자 논리학자. 그는 일반 대중이 쉽게 접근할 수 있는 저서 《결혼과 성》, 《나는 왜 기독교인이 아닌가》, 《왜 사람들은 싸우는가》 등으로 더욱 유명하다. 20세기 지식인 중 가장 다양한 분야에서 지속적으로 영향을 미쳤던 인물.

4　Charles Darwin(1809~1882). 생물진화론을 밝힌 《종의 기원》(1859)으로 코페르니쿠스, 프로이드와 더불어 인류의 자존심에 상처(?)를 준 불후의 박물학자.

반면, 능력이 있는 사람의 착오는 다른 사람에 대한 오해에서 기인한다"고 결론을 내린다.

2000년 이 두 사람은 ⟨Unskilled and Unaware of It : How Difficulties in Recognizing One's Own Incompetence Lead to Inflated Self-Assessments서툴고 무지한 것 : 자신의 무능력함을 인지하는 데의 어려움이 어떻게 과장된 자신감을 만들어 내는가⟩라는 논문을 통해 이 효과를 발견한 공로로 이그노벨상Ig Nobel Prize[5]을 받았다.

누군가 이 효과를 그래프로 재미있게 그려 놓았다.

더닝-크루거효과

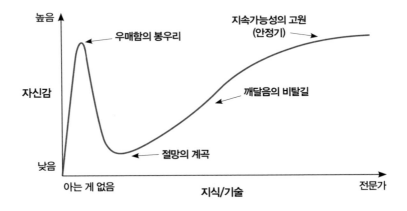

―――――――

톰 니콜스Tom Nichols는 《전문가와 강적들》에서 이렇게 말한다.

"미숙하고 실력이 부족한 사람이 다른 사람들보다 훨씬 더 스스로를 과대평가하는 이유는 그들에게 '메타인지metacognition'라고 부르는 핵심적인 기술이 부족하기 때문이다. 메타인지는 스스로에게 뭔가가 부족할 때 뒤로 한 걸음 물러나서 그것을 볼 줄 아는 능력이다. 자신이 지금 하고 있는 일을 객관화해서 보고, 자신이 그 일을 엉터리로 하고 있음을 깨닫는 능력이다."

여기에서 말하는 메타인지란 1970년대 인지심리학자 존 플라벨J. Flavell이 만든 용어로 '자신의 생각에 대한 생각' 내지 '자신의 생각에 대해 판단하는 능력'을 의미한다. 보통 우수한 학생과 평범한 학생을 구분하는 기준으로 쓰인다.

그러나 역사의 아이러니는 무능하고 미숙한 사람들이 근거 없는 자신감에 넘쳐나서 일을 저지르는 경우가 적지 않다. 이른바 '대항해시대'의 주인공들이 그런 사람들이었다. 무식하면 용감한 법이다.

4. 프레임효과

목사님, 담배 피며 기도해도 돼요?

신도 : 신부님, 기도하면서 담배 피워도 됩니까?

신부 : 웬 그런 불경스런!

신도 : 그럼 담배피면서 기도해도 됩니까?

신부 : 물론이지!

수술을 해야 할지 말아야 할지 고민하는 당신에게 의사가 다음과 같이 두 가지 방식으로 말했다고 하자.

(1) 이 수술을 받은 환자들 가운데 90%가 5년 후에도 여전히 살아 있었다.

(2) 이 수술을 받은 환자들 가운데 10%가 5년 후 죽었다.

당신은 어느 경우에 수술을 선택하겠는가?

'프레임'이란 사고의 기본적 틀, 즉 우리가 세상을 바라보는 정신적 구조물을 의미한다. 레이코프[6]는 '프레임이란 우리가 세상을 바라보는 방식을 형성하는 정신적 구조물'이라고 정의한다.

프레임은 생각하는 방식과 행동하는 방식을 결정한다. 인간은 누구나 프레임을 사용한다. 다만 무의식적으로, 자동적으로, 사용하기 때문에 자신이 프레임을 사용하고 있다는 사실조차 알아차리지 못할 뿐이다.

문제는 더 이상 시대에 통하지 않는 프레임에 갇힌 경우다. 누군가 곤경에 처한 경우, 다른 사람들이 보기에는 충분히 빠져 나올 방법이 있는데도 정작 당사자는 '학습된 무기력' 때문에 리프레임 reframe을 하지 못한다. 도모하는 일이 난관에 부딪치면 현상을 보는 자신의 관점을 바꾸어야 한다. 그러나 대부분의 사람들은 한 가지 프레임에 붙들려서 다른 프레임이 있다는 것을 생각조차 하지 못한다.

신고리 원전 5, 6호기 공사 중단을 둘러싼 공방은 '프레임 전쟁'의 대표적인 사례이다. 야당은 '전력 대란'이란 프레임으로 이에 맞서 여당은 '시민 안전'을 내세운다. 특검-삼성도 '경영권 승계를 위

6 　미국의 언어학자, 2006년 《코끼리를 생각하지 마! : 진보세력은 왜 선거에서 패배하는가》가 국내에서 번역·출판돼 프레임이란 용어가 널리 쓰이게 되었다.

한 지배구조 개편' 대 '승계구조는 가공의 틀'이란 두 프레임이 대립한다.

이밖에 '세금폭탄'이냐 '조세정의'냐 등 모든 여·야의 갈등은 프레임 전쟁이다. 정치란 결국 '프레임 전쟁'이어서 누가 어떤 프레임을 만들어 승리하느냐의 문제로 볼 수 있다. 선거판이야말로 용어의 선점 경쟁으로 나타나는 대표적인 프레임 전쟁터다. 비근한 예로, 1987년 12월 대선에서 노태우 후보는 '보통사람'이란 프레임을 내세워 군 출신 이미지를 희석시키는데 톡톡히 덕을 봤다.

성경 말씀에 "범사에 감사하라!"는 구절이 있다. 산에서 내려오다 발목이 삐었는데도? 물론이다. 부러지지 않은 게 얼마나 감사한 일인가! 아무리 나쁜 환경일지라도 우리는 언제나 감사할 만한 것을 발견할 수 있다. 같은 사고라도 보다 큰 사고를 액땜했다고 프레임을 바꾸면 위로가 된다. 아름다운 장미꽃에 가시가 달렸다고 불평하지 말고 프레임을 바꿔 가시나무에 아름다운 장미꽃이 피었다고 뒤집어 생각하면 어떤가! "자동차 폐타이어를 어떻게 버릴까?"대신 "폐타이어를 어디에 쓸 수 있을까?"로 리프레이밍Repraming을 하면 등산로에 훌륭한 재료로 재활용할 수 있다.

인위적으로 자기 스스로 만든 프레임에 갇혀 문제가 해결되지 않는 경우가 의외로 많다. 퍼즐이나 퀴즈는 두뇌를 유연하게 사용해야 풀 수 있는데, 스스로 만든 제약 즉 고정적인 프레임에 갇혀 쩔쩔매는 경우가 허다하다.

설록 홈즈가 명탐정인 것은 문제의 본질을 재빨리 파악해 보통 사람들과 전혀 다른 프레임에 착안하기 때문이다.

프레임에 의한 다른 결론 사례

S=1−2+4−8+16−32+64−⋯ 의 해답은?

❶ $S = 1+(-2+4)+(-8+16)+(-32+64)+\cdots$
$\quad = 1+2+8+32+\cdots$
$\quad = \infty$

❷ $S = (1-2)+(4-8)+(16-32)+(64-\cdots)$
$\quad = -1-4-16-64$
$\quad = -\infty$

❸ $S = 1-2+4-8+16-32+64\cdots$
$\quad = 1-2(1-2+4-8+16-32+\cdots)$
$\quad = 1-2S$
따라서 $3S = 1, S = 1/3$

❹ $S = (1+4+16+64+\cdots)-(2+8+32+\cdots)$
$\quad = \infty - \infty$
$\quad = 0$

**어떤 프레임을 쓰느냐에 따라
결론이 전혀 다르게 나오는 경우를 극명하게 보여준다.**

5. 점화효과

성냥 한 개비가
드넓은 초원을 다 태운다

하나의 단어는 이 단어와 인접한 다른 어휘들을 연속적으로 점화시킨다. 칠판은 교실을, 연필은 볼펜을…. '크리스마스'는 캐롤, 산타할아버지, 선물, 트리, 카드 등. 이렇게 우리의 뇌는 연상 결합적 사고과정을 자연스럽게 진행시킨다.

이런 연상결합은 개인마다 독특해서 각 개인의 서로 다른 연상결합들은 브레인스토밍이나 문제해결 과정에서 매우 중요한 역할을 한다.

점화효과는 상업에서도 응용된다. 파리의 빵집에서는 예외 없이 갓 구운 고소한 빵 냄새가 풍긴다. 고객들은 무의식중에 근사한 빵을 연상해 빵을 더 많이 사게 되어, 판매량이 그렇지 않을 때보다 더 증가한다는 사실이 밝혀졌다.

우리는 점화의 의미를 넓게 해석하여 '넛지'와 '깨진 유리창 이론'도 여기에 포함시키고자 한다. 인간을 움직이게 하는 방법으로는 인센티브와 벌칙이 있다는 것은 주지의 사실이다. 보상(+)이 있으면 뛰어들고 처벌(-)이 있으면 주저한다.

다른 방법으로 '넛지'를 활용할 수도 있다. 넛지nudge는 원래 '팔꿈치로 쿡쿡 찌르다', '주위를 환기시키다'라는 뜻으로 부드러운 개입을 통해 타인의 선택을 올바른 방향으로 유도하는 것을 의미한다. 이 단어는 행동경제학자인 시카고대학교 리처드 탈러 교수와 하버드대학교 로스쿨의 카스 선스타인 교수의 공저인 《넛지》[7]에 소개되어 유명세를 탄 말이다.

저자들에 의하면, 강요에 의하지 않고 부드럽게 선택을 유도하는 힘은 생각보다 큰 효과가 있다. 유명한 사례로 암스테르담 스키폴공항에 남자 소변기 하단 중앙에 파리 스티커를 붙여놓았더니 소변기 밖으로 튀는 소변의 양이 80%나 줄었다고 한다. 파리 스티커가 점화효과를 발휘하여 이런 성과를 낸 것이다.

사람들이 선택하도록 상황을 만드는 사람을 '선택 설계사choice architect'라고 부른다. 선택 설계사가 넛지를 시행한 예시로, 학교 영양사가 교내 식당에서 음식의 종류를 바꾸지 않고 위치만 바꾼

---

7   Richard H, Thaler&Cass R. sunstein, 《NUDGE: Improving Decision About Health, Wealth and Hapiness》, Yale University Press, 2008

실험을 들 수 있다. 결과는 놀라웠다. 음식을 재배치한 것만으로도 특정 음식의 소비량이 25% 증가하거나 감소했던 것이다. 이런 실험결과를 토대로 과일과 채소를 더 많이 먹을 수 있도록 유도하여 요즘 문제가 되는 아동 비만 문제를 해소하는데 일조할 수도 있을 것이다. 서울 도봉구 구청사 내부에 이른바 노래하는 계단이 있다. 계단이 건강에 좋다고 홍보해 봐야 소용이 없었는데, 계단을 밟을 때마다 음악이 나오니까 계단으로 올라가는 사람들이 부쩍 늘었다.

넛지 효과의 응용 범위는 대단히 넓다. 크게는 정부의 정책 결정에서부터 작게는 자녀교육에 이르기까지 이를 잘 활용한다면 기대 이상의 성과를 거둘 수 있을 것이다.

점화효과의 또 다른 사례를 들어보자.

깨진 유리창이 있는 자동차를 거리에 방치하면, 버려진 차의 부품을 훔쳐 가는 사람들이 생긴다. 사소한 법질서라도 지켜지지 않으면 이를 악용하여 범죄로 이어질 가능성이 높다는 이론이 '깨진 유리창 이론'Broken window theory이다. 어떤 건물의 창문 한 개가 깨져 있다면 나머지 창문들도 무사하지 못할 것이다.

"만일 한 건물의 유리창이 깨어진 채로 방치되어 있다면 다른
유리창들도 곧 깨어질 것이라는데 대해 사회심리학자들과 경

찰관들은 동의하곤 한다. 이런 경향은 잘 사는 동네에서건 못 사는 동네에서건 마찬가지이다. … 한 장의 방치된 깨진 유리창은 아무도 신경 쓰지 않는다는 신호이며, 따라서 유리창을 더 깨는 것에 대해 아무런 부담이 없다."[8]

두 경우 모두 작은 무질서 상태가 점화효과를 촉발하여 더 큰 범죄를 야기했다고 볼 수 있다. 이를테면 바늘도둑이 소도둑이 된 것이다. 뉴욕시는 이 깨진 유리창 이론을 적용하여 1990년대 범죄의 온상이었던 지하철 내의 낙서를 모두 지우도록 지시했다. 낙서가 방치되어 있는 상태는 창문이 깨져 있는 건물과 같은 상태라고 유추했기 때문이다.

아무리 낙서를 지우고 또 지워도 다시 생겨났기 때문에 시민들은 이 작업에 대해 마뜩하지 않게 여겼지만 결국 모든 낙서를 몇 년은 걸렸지만 지우는데 이르렀다. 그런데 이게 웬일인가. 낙서를 지우는 과정에서 범죄율이 줄어들기 시작했다. 전문가 조사에 의하면, 낙서를 지운 지 90일 만에 범죄율이 줄어들기 시작하여 1년 후에는 30~40%, 2년 후에는 50%, 그리고 3년 후에는 무려 75%가 줄어들었다고 한다.

8　James Wilson&George Kelling, Fixing Broken Windows : Restoring Order and Reducing crime in Our Communities, 〈The Atlantic monthly〉, 1982

1994년 뉴욕 시장으로 선출된 루돌프 줄리아니Rudolf Giuliani는 이에 고무되어 신호위반이나 쓰레기 투기와 같은 경범죄도 무관용원칙zero tolerance으로 대응했더니 강력범죄까지 줄어드는 결과를 얻었다고 한다.

6. 편승효과
꼽사리 끼지 마

　이 용어는 곡마단이나 퍼레이드의 맨 앞에서 요란한 연주로 사람들의 시선을 끄는 악대 차(Band wagon)에서 유래한다. 편승효과를 노리는 대표적 사례는 홈쇼핑이다. 언제나 하는 소리가 '이번 시즌 마지막 기회', '두 번 다시없는 기회', '한정 판매' 등등 소비자를 다그친다.

　여러분도 어떤 브랜드의 청바지가 유행이라면 덩달아 샀던 경험이 없지 않을 것이다. 어떤 제품을 살까말까 주저하던 중 주위의 누군가가 사게 되면 언제 그랬냐는 듯 선뜻 구매하게 되는 것을 펭귄효과(penguin effect)라고 하는데 전형적인 편승효과 중 하나다.

　정치 분야에서 애호되는 '대세론'도 편승효과의 사례인데, 사표 방지심리가 발동해서 가장 유력한 후보에게 지지율이 쏠리는 '쏠

림 현상'이 나타나기 때문이다.

하멜른의 《피리 부는 사나이》에는 이런 대목이 나온다.

내가 피리를 불며 돌아다닐 동안 너희 셋은 그냥 따라오기만
하면 된단다.
그러면 마을의 모든 아이들이 너희 뒤를 따라올 거야. 어때,
재미있겠지?

언젠가 주한 미군 사령관 위컴John Wickham 대장이 "한국인들은 들
쥐 근성이 있다"라는 모욕적인 발언을 한 적이 있었다. 기분은 나
쁘지만 우리 자신을 냉정하게 되돌아보는 계기로 삼아야 하지 않
을까?

유행에 따라 상품을 구입하는 현상과 반대로, 특정상품에 많은
사람이 몰리면 희소성이 떨어져 차별화를 위해 다른 상품을 구매
하는 '백로효과'도 있다. 부유층들은 타인과 차별성을 추구하는
경향이 농후하다. 그래서 자신들이 즐겨 사용하던 상품이라도 이
것이 대중화되면 남들이 잘 모르는 다른 상품으로 갈아탄다. 우
아한 백로처럼 남들과 다르게 보이려는 심리다.

비판적으로는 속물을 의미하는 'snob'이라는 단어를 써서 '속물
효과snob effect'라고도 한다.

편승효과가 중요한 이유는 우리나라에서 반복되는 농산물의 과잉생산과 관련이 있기 때문이다. "작년에 양파로 수지맞았다"라는 소문이 돌면 다음 해에 너도나도 양파재배에 몰려 가격이 폭락하는 사태가 벌어지곤 한다.

7. 자성예언효과

<u>나는 매일 매일 나아지고 있다</u>

　"좋은 꿈을 마음에 심고, 그 꿈이 이루어졌다고 믿고, 그 성취감을 말로 표현하면 그 꿈은 이루어진다." 사회학자 로버트 머튼_{Robert Merton}이 사용한 말로서 자신의 소원을 현재형으로 언어화해서 선언하면 소원이 이루어진다는 것이다.

　하지만 사실은 그보다 훨씬 앞서 프랑스의 약사 에밀 쿠에_{Émile Coué, 1857~1926}가 약국을 운영하면서 먼저 깨달은 지혜이다. 그는 고객들이 약의 내용보다 약사의 설명이나 포장지의 문구에 강한 영향을 받는다는 사실을 알게 됐다. 그래서 '자기 암시'가 제일 중요하다는 결론을 내리게 된다. 그의 암시문은 간단명료하다.

　"나는 날마다 모든 면에서 점점 더 좋아지고 있다."

이 문장을 아침저녁으로 거울을 보면서 20번씩 복창하면 된다. 노느니 염불한다고 독자들도 한번 시도해 보기 바란다. 이때 스스로 확신하는 태도가 중요한데, 왜냐하면 훼방꾼_dream killer이 잠재의식으로 하여금 예전의 무미건조한 삶으로 돌아갈 것을 요구하기 때문이다. "네 믿음이 너를 구하였다"고 성경은 말하지 않던가.

자성예언은 위약(僞藥) 효과_placebo effect[9] 내지 피그말리온 효과_Pygmalion effect[10]와 맥을 같이 한다.

인디언 금언에 "어떤 말이든지 만 번 이상 되풀이 하면 반드시 그 일이 이루어진다"고 한다. 우리말에도 "말이 씨가 된다"고 하지 않았던가.[11]

그러나 부정적인 경우도 있음을 잊지 말아야겠다. 의사가 환자에게 전혀 무해한 처방을 하면서, "화학요법 중 하나인데, 머리카

---

9   의사가 환자에게 가짜 약을 투여했을 때, 이 사실을 알 리 없는 환자는 진짜 약으로 믿고, 그 믿음 덕분에 병세가 호전되는 현상. 제2차 세계대전 중 의약품이 부족해서 많이 사용되었다고 한다. 오늘날에는 이런 방법은 더 이상 사용되지 않는다.

10 피그말리온이라는 조각가가 아름다운 여인상을 조각하고 이 여인을 진심으로 사랑하게 된다. 살아 있는 세상의 어떤 여자보다 아름답기 때문이다. 여신 아프로디테는 피그말리온의 이러한 사랑에 감동하여 이 조각상에 생명을 불어 넣어 준다. 간절히 원하고 기대하면 원하는 바를 이룰 수 있다는 것을 보여 주는 그리스 신화이다. 보다 일반적으로 무언가에 대한 믿음, 기대, 예상이 실제로 이루어지는 것을 의미한다. 특히, 교사의 기대와 관심이 학생에게 긍정적 영향을 미치는 현상을 로젠탈효과(Rosenthal effect)라고 한다. 반대로, "네가 할 수 있는 일이 뭐니?"식의 말을 들은 학생의 성적이 떨어지는 현상은 '골렘효과(Golem effect)'라고 한다.

11 예일대 사회심리학과 존 바그 교수는 실험을 통하여 다음과 같은 사실을 알아냈다. 즉, 무례함을 연상시키는 단어를 피험자에게 제시한 결과, 그들은 무례한 행동을 했고, 예의 바름을 연상시키는 단어를 제시하면, 예의 바른 행동을 했다는 것이다.

락이 빠질 수도 있어요"라고 말하면 환자의 30%가 실제로 머리카락이 빠진다고 한다.

　뇌의 특징 중 하나는 부정적이든 긍정적이든 자신이 상상한 것을 그대로 저장한다는 점이다. 이렇게 저장된 이미지는 묘하게도 현실화되는 수가 있다. 이러한 뇌의 특징을 잘만 활용한다면, 인간은 기적 같은 일도 성취할 수 있을지도 모른다.

8. 오정보효과
내 마음 나도 몰라

 범죄 수사에서 목격자의 증언은 결정적이다. 과거에는 목격자의 증언만으로 범인의 정체가 확정되다시피 했지만 오늘날에 와서는 반드시 그런 것만은 아니다.[12] 그것은 '오정보효과' 때문이다.

 오정보효과란 질문자의 의도가 내포된 유도질문으로 인해 목격자의 기억이 왜곡되는 것을 말한다.

 워싱턴대학교의 한 연구자는 사람들에게 자동차 사고 현장에 관한 영상을 보여주고 나서, 1주일 후에 "영상 속에 부서진 유리

---

[12] 미국에서 1989~2007년 사이에 201명의 죄수들이 DNA 판정 결과 무죄로 풀려났다. 그중 77%는 잘못된 목격자 진술의 피해자들이었다. 위증죄가 걸려 있는 상황에도 불구하고, 사람들은 잘못된 기억을 '진실'로 확신하여 무고한 사람을 범인으로 지목한 것이다.

가 얼마나 나오느냐?"고 물었는데, 실험에 참가한 많은 사람들이 부서진 유리가 있었다고 기억해 냈다. 그러나 원래 영상에 부서진 유리는 없었다. 이처럼 사건을 목격한 후에 가짜정보를 받게 되면, 사람들은 그 가짜정보를 기억에 포함시킨다.

기억은 수시로 다시 조립되고 재구성된다. 기억의 인출시점에서 사람들은 무의식적으로 현재 자신의 처지에 맞게 기억을 변형시키는 것이다. 자서전에서 나쁜 행위는 축소해서 기술하고, 좋은 행위는 과장해서 서술하는 것은 과거를 현재 시점에 맞춰 수정하기 때문이다.

기억은 고정불변한 것이 아니라 끊임없이 변하기 때문에 왜곡되기 쉽다는 사실을 인식하는 것은 대인관계에서 아주 중요하다. 나의 기억과 거래처 직원의 기억이 충돌할 경우를 대비해 항상 메모하는 습관이 중요하다. 사안이 중요한 경우, 한 걸음 더 나아가 상대에게도 모든 내용을 정확하게 전달하는 것이 분쟁을 예방하는 길이 될 것이다.

9. 소유효과
우리 것은 좋은 것이여

어떤 물건을 소유하고 난 뒤 그것을 갖기 전보다 그 가치를 훨씬 높게 평가하는 경향을 '소유효과'라고 한다.

우리말 속담에 '남의 집 금송아지가 우리 집 송아지만 못하다'는 이를 잘 나타낸다. 많은 공을 들이고 정도 들었으니 그럴 만도 하다.

추억이 깃든 부모님의 유품이나, 결혼반지, 태어날 때부터 살아온 집의 경우 소유효과가 발생하는 것은 인지상정이다.

미국의 위대한 심리학자 윌리엄 제임스[13]는 《심리학의 원리$_{1890}$》

---

[13] William James(1842~1910), "우리 세대의 가장 위대한 발견은 인간이 마음가짐에서 태도를 바꾸어 자신의 삶을 바꿀 수 있다는 것이다."라는 명언을 남겼다. 이 말은 저자들에게도 지대한 영향을 미쳤다.

에서 "사람의 자아는 그가 자신의 소유라고 말할 수 있는 모든 것들, 예컨대 몸이나 영혼뿐만 아니라 옷, 집, 아내와 자식들, 조상과 친구, 명성, 직업, 은행 예금 따위를 모두 합친 것"이라고 했다.[14] 서양에서는 소유물을 '확장된 자아extended self'로 보는 경향이 있다.

그런데 아끼는 물건에 대한 애착과 더불어 소유물을 남에게 넘기는 것을 손실로 여기는 경우도 있다. 우리가 언급한 '손실회피성향loss aversion이 소유효과에서도 작동한다는 말이다.

이에 관해 《삼국지》에 유명한 일화가 있다. 상승세를 타던 유비가 조조의 땅 한중漢中을 빼앗았다. 조조는 즉시 대군을 이끌고 유비를 치러 나섰으나, 유비의 군대는 유리한 지형을 이용, 조조 군을 물리치고 보급로까지 차단해 버렸다. 조조 군은 식량이 바닥나고 사기가 떨어져 탈영병이 속출했다. 한중을 포기하고 귀환해야 할지 말지 조조는 고민에 휩싸였다. 그러던 어느 날, 저녁 식사로 먹을 것도 별로 없는 닭갈비鷄肋탕이 나왔다. 조조는 지금의 상황이 꼭 계륵 같다고 생각한다. 한중을 유비에게 넘기기는 싫고, 포기하자니 아까운 것이 현금의 상황과 딱 맞아떨어진 것이다. 소유효과의 훌륭한 사례가 아닌가.

기업들은 마케팅에서 소유효과를 적극 활용한다. 대표적인 사

---

14   과연 실용주의 철학자다운 말이다. 소크라테스의 반응이 궁금해진다.

례로 체험 마케팅을 들 수 있다.

신제품에 대한 일정수의 품질평가단을 모집하고 몇 개월간 무료로 제품을 사용해본 후 구매 여부를 결정하게 하는데 그 결과는 100퍼센트에 가깝게 구매로 이어진다고 한다. 한번 체험하게 되면 소비자 자신도 모르게 소유효과가 발생한 것이다. 유사한 예로 '100퍼센트 환불 보장'이라는 마케팅도 있다. 제품을 구입 후 마음에 들지 않으면 조건부가 아니라 무조건 환불을 보장한다는 것이다. 놀랍게도 반품률은 극히 낮은 수준에 불과하다고 한다. 일단 자기 것이 된 물건은 다시 내놓으려 하지 않는 소유효과가 여기에서도 작동한 것으로 볼 수 있다.

남의 돈 천 냥보다 내 돈 한 냥이 낫다. 그래서 세상의 모든 부모는 자기 아기가 천재라는 데에 조금도 의심을 품지 않는다. 아이가 커가면서 실망감도 커지겠지만 말이다.

10. 외부효과
울 동네 소각장은 안 돼

　　제주도에 섭지코지라는 관광명소가 있다. 드라마 '올인'의 촬영지로도 유명한데 사람들이 그 여파로 몰리기 시작하여 주변 상권이 아연 활기를 띠게 되었단다. 상인들은 가만히 있었지만 드라마 인기에 힘입어 장사가 잘되는 행운이 따른 것이다.

　이처럼 외부효과란 개인이나 기업의 사업이나 행위가 다른 사람들이나 기업에게 발생시키는 자연발생적인 피해나 혜택을 의미한다. 여기에는 긍정적 효과와 부정적 효과가 있다.

　전자의 경우 대표적으로 거론되는 경우가 양봉농가와 과수원이다. 과수원의 꽃은 벌에게 꿀을 제공하고, 벌은 꽃가루를 옮겨 수정을 도와 자연스럽게 윈-윈이 이뤄진다. 또 앞서 본 바와 같이 어떤 드라마가 히트를 치면 국내외의 많은 사람들이 그 촬영지를 찾는 경우가 이에 속한다.

부정적 외부효과는 개발로 인해 발생하는 소음 등 부작용으로 관계 회사와 지역 주민들 간에 법적 다툼으로 번지는 사태로서 자주 사회적 이슈로 등장한다. 이로 인해 '님비NIMBY, Not in my back yard'라는 신조어까지 생겼다. 공공의 이익은 되지만 자신이 속한 지역에는 이익이 되지 않는 기피시설쓰레기 소각장, 방사능 폐기장, 납골당, 송전탑 등이 들어서는 것을 반대하는 집단 움직임을 뜻하는 말이다.

다른 한편, '핌피현상PIMFY, Please in my front yard'은 수익성 있는 시설이나 사업쇼핑몰, 문화시설 등을 자기 지역에 유치하려는 현상이다. 두 가지 모두 지역이기주의의 산물이다.

여기에서 우리가 보기에 좀 특수한 외부효과에 대해 언급하고자 한다.

그 첫 번째는 동물과 식물이 서로에게 미치는 영향이다. 잘 아는 바처럼 동물이 배출하는 이산화탄소는 식물의 광합성에 필수적이고, 식물이 배출하는 산소는 동물의 생명과 직결한다. 동물은 자체적으로 단백질을 만들지 못한다. 식물이 광합성으로 만든 식물성 단백질을 섭취해서 동물성 단백질로 만드는 것이다. 이런 자연의 조화가 단순한 우연의 산물일까?

부정적 외부효과는 사회의 개인들 간에서도 일상적으로 발생한다. 길거리에서 가래침을 뱉는 행위는 대표적으로 주위 사람들에게 불쾌감을 주는 경우이다.

유무형 네트워크를 바탕으로 하는 특수한 외부효과로서 '네트워크 외부효과Network externality'[15]를 든다. 밴드, 페이스북, 트위터, 유튜브 등의 SNS는 유형有形의 물리적 네트워크들이다.

특이한 점은, 사용자 수가 많을수록 서비스 가치가 계속 올라가기 때문에 여기에서는 '한계효용체감의 법칙Law of diminishing marginal utility'[16]이 아니라 '한계효용체증의 법칙'이 성립한다는 점이다.

무형의 네트워크는 인적 네트워크로서 무슨 무슨 연구회, 동기회, 동창회, 향우회 등 끈끈한 인연으로 뭉친 사람들이다.

---

15 '수요측 규모의 경제(Demande-side economies of scale)'라고도 한다.

16 소비하는 재화의 마지막 단위가 가지는 효용을 '한계효용'이라고 한다. 예를 들면, 배고픈 상태에서 첫 번째 빵은 큰 만족을 주지만, 두 번째 방은 그보다는 못한 만족감을 준다. 빵을 세 개 먹었다면 세 번째 빵이 주는 만족감을 한계효용이라고 한다.

판단력 수업

과학은 말할 것도 없고 의학, 법학, 정치, 경제, 사회

모든 분야에서 연구자들은 원인 규명에 전력투구한다.

검사와 변호사는 서로 다른 인과관계를 주장하며 혈투를 벌인다.

문제의 핵심을 파악한다는 것은

인과관계를 정확하게 규명하는 것과 같다.

제4장

우연과
필연에 대한
통찰

판단력 수업

●

1. 똑똑한 이들조차 혼동하는 충분조건과 필요조건

이 문제를 검토하기 위해 다음의 예문을 보자.

> 비가 오면, 길이 젖는다.

이런 문장을 조건문conditional statement이라고 한다. 수학에서 미지
수를 x, y, z 등으로 나타내듯이 명제는 대문자 P, Q, R 등으로
표현한다. 위 조건문은 두 개의 문장으로 분석할 수 있다.

> P : 비가 온다.   Q : 길이 젖는다.

위 예문은 'If P, then Q'의 문장으로서 형식적으로는 'P → Q'

로 나타낸다.

이때 P를 충분조건, Q를 필요조건이라고 한다. 충분조건이란 P가 없으면 Q도 없다는 뜻이고, 필요조건이란 Q가 있으면 반드시 P도 있어야 한다는 뜻이다.

대부분의 책은 여기에서 그친다. 그러나 이것은 시작일 뿐이다. 'P → Q' 자체는 참도 될 수 있고 거짓도 될 수 있다.

여기에서 한 걸음 더 나아가야 한다.

충분조건이 의미하는 바는 P가 충족되면 Q가 그 결과로서 따라온다는 것이다.

이를 형식적으로 나타낸 것이 아래 도식이다.

$$P \rightarrow Q$$
$$P$$
$$\overline{\qquad}$$
$$Q$$

이것은 타당한 논증으로서 '전건긍정Modus Ponens'이라고 한다. 비가 오면 당연히 길은 젖을 것이다.[1]

그런데 누군가 길이 젖은 것을 보고 비가 왔다고 판단한다면?

---

1 수학에서의 모든 올바른 논증은 전건긍정을 기반으로 한다. 이러저러한 조건이 충족되면 이러 저러한 결론이 유도된다는 식이다.

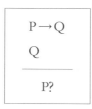

$$P \rightarrow Q$$
$$Q$$
$$\overline{\qquad}$$
$$P?$$

물론 비가 왔을 경우도 있지만, 비가 오지 않아도 길은 젖을 수 있다. 살수차가 지나갈 수도 있기 때문이다. 이 추론은 필요조건을 충분조건으로 잘못 안 것이다. 논리학에서는 이를 '후건긍정의 오류'라고 부른다.

두 번째 혼동하는 경우를 보자.

비가 오지 않으면, 길이 젖지 않는다.

비가 오지 않았다.

_____

길이 젖지 않는다.

형식적인 표현은 다음과 같다.

$$P \rightarrow Q$$
$$\sim P$$
$$\overline{\qquad}$$
$$\sim Q$$

여기에서 '비가 오지 않았다'는 '길이 젖지 않았다'의 충분조건이 아니라 필요조건이다. 비가 오지 않아도 살수차가 지나갔다면 길은 젖을 수 있다. 이를 '전건부정의 오류'라고 한다. 두 오류 모두 필요조건을 충분조건으로 잘못 안 데서 기인한다.

남은 경우는 '후건부정Modus Tollens'이다.

$$P \rightarrow Q$$
$$\sim Q$$
$$\overline{\quad\quad\quad}$$
$$\sim P$$

이는 타당한 논증이다. 비가 오지 않으면 응당 길은 젖지 않을 것이다.[2] 이로써 위에서 말한 필요조건의 의미가 분명하게 나타난다.

위 두 가지 오류를 다른 방식으로 설명하자면, 충분조건sufficent condition을 필요충분조건sufficent and necessary condition[3]으로 잘못 인식하는

---

2   물리학에서 올바른 논증은 후건부정에 의존한다. 산성은 리트머스 시험지가 붉게 변한다. 붉게 변하지 않으면 산성이 아니다.

3   만일, P → Q인 동시에 Q → P도 성립하면, P는 Q이기 위한 필요충분조건이라 하고, P ↔ Q로 나타낸다. 다음 예를 보자.
    P : 삼각형ABC는 정삼각형이다.
    Q : 삼각형ABC의 세 각은 동일하다.
    P는 Q이기 위한 필요충분조건이며, Q도 P이기 위한 필요충분조건이다.

것으로도 볼 수 있다.

연습 삼아 다른 예문을 살펴보자.

> P : 미남이다.　　Q : 남자다.
> 'P → Q'는 '미남이면 남자다'를 뜻한다.

그런데 충분조건을 필요충분조건으로 혼동하면 무슨 일이 벌어질까? '모든 남자는 미남'이라는 말인데 유감스럽지만 이건 사실이 아니다. 이는 일방통행을 쌍방통행으로 잘못 알게 되는 것과 똑같다.

2. 상관관계를 인과관계로 착각

하나의 변항_{variable}이 다른 변항과 공변共變하는 함수관계를 상관관계라고 한다. 변항 X가 증가할 때 변항 Y도 증가하고, 변항 X가 감소할 때 변항 Y도 감소한다면, X와 Y는 양(+)의 상관관계에 있다고 한다. 반대로, X가 증가하면 Y는 감소하고, X가 감소하면 Y는 증가할 때, X와 Y는 음(-)의 상관관계에 있다.[4]

상관관계에도 정도가 있다. 이런 차이들을 나타내기 위해 통계학자들은 상관계수_{correlation coefficient}[5]를 만들었다. 그 중 피어슨 상관

---

4   부(負)의 상관관계는 경제학에서는 상충관계(Trade off), 의학에서는 길항(拮抗)작용이라고도 한다.
5   상관계수라는 개념은 영국의 프란시스 갈톤(Francis Galton, 1822~1911)이 1880년대에 최초로 제안하였다. 그는 두개골의 형태와 성격 사이에 상관관계가 있다는 골상학(骨相學)의 창시자인데, 그는 이를 범죄수사에 활용할 것을 제안했다.

계수 값은 -1에서 1 사이에 위치한다.

피어슨 상관계수 값

- 0.5	강력한 음(-)의 상관
- 0.2	음(-)의 상관이긴 하나 너무 약해서 모호
0	상관관계가 없는 경우
0.2	너무 약해서 의심스러운 양(+)의 상관
0.5	강력한 양(+)의 상관

이렇게 상관관계는 두 변항 사이의 통계적 관련성을 수량화한 것이다.

자동차 보험회사는 가입을 원하는 운전자에게 여러 가지 정보를 요구한다. 특히 나이, 성별, 결혼 여부 등은 보험료 산정에 중요한 기준이 된다. 나이가 25세 미만이면 보험료가 높게 책정되고, 여성이라면 낮게 책정된다. 상관관계는 두 변항 사이의 관계가 밀접하다는 것을 나타낼 뿐, 원인과 결과에 대해서는 그 어떤 증거도 제공하지 않는다. 문제는 상관관계를 인과관계로 잘못 해석하는데 있다.

2015년 1월 정부는 국민건강을 증진시키기 위한 부득이한 조치라면서, 담뱃값을 2,000원에서 4,500원으로 무려 125%나 인상하였다. 정부 말대로라면 담뱃값과 흡연율 사이에 상관관계는 물론 인과관계까지 존재해야 한다. 과연 그러한가? 담뱃값과 흡연율 사이에는 어느 정도 상관성이 있음을 부인할 수 없다. 하지만 담뱃값 인상과 흡연율 하락 사이에 원인-결과 관계가 있다고는 말할 수 없다. 음의 상관관계의 사례로서 아파트 가격의 인상폭과 출산율을 들 수 있다. 이때 상관계수가 -0.7이라면 이는 상당히 밀접한 관계다. 이를 근거로 아파트 가격의 인상 폭이 출산율 저하를 가져온다고 말한다면, 이는 상관관계를 인과관계로 착각한 것이다.

어떤 두 사건이 높은 상관계수를 갖더라도, 그것이 인과관계를 주장하는 충분조건은 되지 못한다. 예컨대, 돈이 많을수록 행복지수가 높게 나타나는 경향을 보인다고 해서 '돈이 많으면 사람들은 행복하다'가 성립하지는 않는다.

상관관계에 관련하여 두 가지 오류 가능성이 있다. 상관관계가 없는데 있다고 착각하는 오류를 '1종 오류type 1 error', 상관관계가 있는데 없다고 생각하는 오류를 '2종 오류type 2 error'라고 한다. 둘 다 '착각적 상관관계illusory correlation'이어서 위험하기는 마찬가지지만, 검은 고양이를 마주치면 불길하다는 등 온갖 미신迷信과 징크스가 판치는 사바세계에서는 1종 오류가 더 위험해 보인다.

저자정계섭가 프랑스에 있을 때 모레이Morey 부인 집에서 하숙을 했다. 독실한 가톨릭 신자인데다 하숙을 치는 것도 경제적인 이유가 아니라 외국 학생들이 빨리 프랑스어를 습득하게 하자는 인도적 이유에서였다. 1년여를 머물렀는데 조금도 불편함이 없었고 지금도 아름다운 추억으로 남아 있다. 그런데 어느 날 희한한 꿈을 꾸었다. 돼지 두 마리가 끄는 수레에 내가 타고 있었던 것이다.

우리나라에서는 돼지꿈을 매우 상서로운 징조로 본다. 실제로 돼지꿈을 꾸고 복권을 사서 당첨된 사례가 한두 번이 아닌 걸로 알고 있다. 그런데 한 마리도 아니고 두 마리가 나타나다니!

나는 이 꿈 이야기를 부인에게 하고 상금의 반을 드리겠다고 약속했다. 그리고 2주 동안 식사 때마다 온통 그 주제로 이야기의 꽃을 피웠고 모레이 부인도 덩달아 고무되어 김칫국부터 마시는 형국이 되었다.[6]

2종 오류는 연구의 주제나 논쟁의 대상이 된다. 예를 들어 육식과 췌장암, 경기침체와 이혼율, 부모의 사회계층과 그 자녀의 사회계층, 실업율과 범죄율, 납중독과 범죄율 등.

서양 학자들은 전혀 다르게 보이는 두 영역 사이에서 상관관계를 찾아내는데 재주가 있어 보인다. 막스 베버의 《프로테스탄트의 윤리와 자본주의 정신1905》과, 에르빈 파노프스키의 《고딕 건축과 스콜라 철학1951》이 대표적인데, 둘 다 20세기 정신과학의 고전으로 꼽힌다.

---

6   한참 나중에 믿을만한 분에게 이 얘기를 했더니 애석해하시면서, 당첨이 안 된 이유는 미리 천기를 누설했기 때문이란다.

이밖에 점성술이나 천인감응설 등은 상관관계의 변이형으로 볼 수도 있겠다.

저자들이 중고생 시절 급우들에게서 흔하게 듣던 말이 수학에서 "응용문제가 어렵다"는 말이었다. 수식이 아니라 말로 주어진 수학 문제가 어렵다는 것이다. 이는 곧 국어 실력이 딸린다는 말이다. 언어능력과 수리능력은 상관관계에 있다. 이렇듯 어떤 상관관계를 안다는 것은 학습의 향상에 직접 도움을 줄 수도 있다. 그리고 생명현상과 심리현상 간에는 밀접한 상관관계가 있어서 심신의 학psychosomatic medicine이라는 하나의 새로운 학문 분야를 태동시켰다.

근자에 상관관계의 새로운 중요성이 대두되고 있다. 대규모 자료를 처리해서 의미 있는 정보를 찾아내는 빅데이터Big data 기술 덕분이다. 서울시는 KT와 협력해 빅데이터 기술을 활용해서 심야 버스노선을 확정했다. 심야 통화기록에서 발신자 위치와 전화번호 소유자의 주소지를 연결하면 동선이 나오는 이치이다.

인간은 수백 년간 원인을 찾는데 길들여져 왔다. 어떤 사건이 터졌을 때 정확한 원인을 규명하여 올바르게 대처하는 일은 무엇보다도 중요한 일이기 때문이다. 그런데 빅데이터 세계에서는 두 변항 사이의 인과성causality보다는 상관성만 알 수 있다면 그것으로 만족해야 한다는 말인데, 이것은 미증유未曾有의 사태로서 조만간 '빅데이터 철학'을 예고하는 것이다.

3.   인과관계의
법칙에 대한 무지

　　이론적 설명에는 인과적causal, 구조적structural, 해석적
interpretive의 세 가지 종류가 있다.[7] 여기에서는 인과적 설명에 집중
한다.

　다시 한 번, 두 변항이 상관correlation관계에 있다 함은, 한 변항의
값이 다른 변항의 값과 체계적으로 관련되어 있음을 의미한다.
하지만 두 변항이 상관되어 있다는 사실이 그 중 하나의 변항이
원인이 된다는 것을 의미하는 것은 아니라는 점을 분명히 인식해
야 한다. 키스의 횟수와 임신의 빈도에는 분명 상관성이 있지만,
키스가 임신의 원인이라고 생각하는 사람은 아무도 없다.

---

[7]　생물학에서는 구조적 설명이 주류를 이루고, 문헌학에서는 해설적 설명이 중요하다.

어떤 상관관계가 확인되면, X와 Y 사이에 잠재적 인과관계에 대해서는 다음의 네 가지 경우가 있다.

(1) 연구자가 몰랐던 제3의 변항 Z가 X와 Y 두 변항과 인과관계에 있다. 한 연구자가 팥빙수 판매량의 증감 추이를 조사한 결과, 판매량이 급증하는 동안 익사 사망자 수도 함께 증가하고, 판매량이 감소하는 동안 익사 사망자 수도 감소하는 분명한 상관관계를 찾아냈다. 이때 팥빙수 판매량이 원인이고 익사 사망자 수 증감이 결과인가? 여기에서는 제3의 변인 '폭염'이라는 변항을 고려해야 한다. 폭염이 팥빙수 판매량의 급증과 함께 피서객이 늘어나 익사자가 증가한 것이다.

걷다가 발을 헛디딘 할아버지가 응급실에 실려 왔다. 모두가 그의 발목에만 주의를 기울일 뿐, 그가 왜 넘어졌는지 그 이유를 생각하는 사람은 아무도 없었다. 한참 후에야 그가 빈혈 때문에 힘이 없어 넘어졌다는 사실을 알게 되었고, 빈혈의 원인은 결장암이라는 사실이 밝혀졌다. 이처럼 우리는 숨겨진 원인을 찾는데 게으르다.

(2) 인과관계가 존재하기는 하는데, 서로가 서로에게 원인인 동시에 결과가 된다. 혈압이 높아지면 신장콩팥이 손상을 입어 신장 질환을 일으키고, 신장에 질병이 발생하면 혈압은 더 올

라간다. 따라서 고혈압은 신장 질환의 원인인 동시에 결과다.

(3) X가 원인이고 Y가 결과

(4) Y가 원인이고 X가 결과

이 중 3과 4를 혼동하면 원인과 결과를 혼동하는 것이다.

비근한 예로, 어린이의 TV 폭력물 시청과 공격성과의 관계에서, 많은 연구자들이 폭력물 시청을 많이 한 아동들이 공격성도 높다고 보고한다. 그렇다고 해서 폭력물 시청이 공격성의 원인이라고 단정할 수 있을까? 아니면 반대로 원래 공격적이기 때문에 폭력물을 선호한다고 볼 수는 없는가? 이처럼 두 변인이 상관관계에 있다는 자료를 통해 두 가지 다른 해석을 할 수 있는데, 문제는 두 가지 해석 중 어떤 것이 옳은지 아직은 논의 중에 있다.

자연과학의 법칙은 확실성에 토대를 두고 있기 때문에 인과관계가 명확하다. 그래서 인과법칙이라고도 부른다. 과학의 힘은 어떤 현상의 원인을 객관적으로 밝혀 인간을 무지몽매로부터 해방시켜주는 데에 있다. 그러나 인간 사회 영역에서는 인과법칙을 규명하기가 어려운데 개입하는 변수가 너무 많아서 불확실한 경우가 늘 존재하기 때문이다. 연역추론 같은 선험적$_{a\,priori}$ 추론은 수학이나 논리학에서 매우 유용하지만, 인과관계를 밝히는 데는 거의 쓸모가 없다. 누군가 잘못된 행동을 해서 내가 손해를 입었을 경우 손해배상을 청구할 수 있다. 이때 그 사람의 행동이 원인이 되어 나에게 손해가 발생했다는 사실을 입증하는 게 결정적이다.

모든 손해배상 소송에서 인과관계 여부를 판단하는 것이 핵심 쟁점이다. 과학적 탐구에서와 마찬가지로 법法은 인과관계를 결정해야 하는 막중한 책임을 지고 있다.

- 형법에서의 인과관계
- 민법에서의 인과관계
- 의료 소송에서 과실과 인과관계 증명
- 공해 소송에서 인과관계의 입증[8]
- 업무상 재해에 있어서 업무와 재해 사이의 인과관계

---

8 좀 길지만 아주 중요한 내용이라서 전부 인용한다.
대법원 2002.10.22. 선고2000다65666판결 : "일반적으로 불법행위로 인한 손해배상 청구 사건에 있어서, 가해행위와 손해발생 간의 인과관계의 입증책임은 청구자인 피해자가 부담하나, 대기오염이나 수질오염에 의한 공해로 인한 손해배상을 청구하는 소송에 있어서는 기업이 배출한 물질이 물을 매체로 하여 간접적으로 손해를 끼치는 수가 많고, 공해문제에 관하여는 현재의 과학수준으로도 해명할 수 없는 분야가 있기 때문에, 가해행위와 손해 발생 사이의 인과관계를 구성하는 하나하나의 고리를 자연과학적으로 증명한다는 것은 극히 곤란하거나 불가능한 경우가 대부분이므로, 이러한 공해소송에 있어서 피해자에게 사실적인 인과관계의 존재에 관하여 과학적으로 엄밀한 증명을 요구한다는 것은 공해로 인한 사법적 구제를 사실상 거부하는 결과가 될 우려가 있는 반면에, 가해기업은 기술적 경제적으로 피해자보다 훨씬 원인조사가 용이한 경우가 많을 뿐만 아니라, 그 원인을 은폐할 염려가 있고, 가해기업이 어떠한 유해한 원인물질을 배출하고 그것이 피해물건에 도달하여 손해가 발생하였다면 가해자 측에서 그것이 무해하다는 것을 입증하지 못하는 한 책임을 면할 수 없다고 보는 것이 사회형평의 관념에 적합하다."

스트레스로 인한 질병은 법원에서 산업재해로 인정받기가 쉽지 않다. 대법원 판례에 따르면 업무와 질병 사이에 '상당한'[9] 인과관계를 입증해야 한다. 세상만사가 원인을 규명하는 데에 있다고 해도 과언이 아니다.

다음 사례들에서 보는 것처럼 어떤 문제는 하나의 원인이 아니라 복합적인 원인이 동시에 또는 시차를 두고 영향을 끼친 경우가 대부분이다.

- BMW 화재 원인은?

- 분노조절장애의 원인은?

- 아토피의 원인은?

- 두통의 원인은?

- 울산 대기 악취의 원인은?

---

[9] 어떤 행동과 결과 사이에 얼마만큼의 관련이 있어야 법적으로 인정되는 건지 수치상으로 말하기 어렵기 때문에, 법에서는 '상당인과관계설'을 도입했다. 일반적인 생활 경험에 비춰 보아 P라는 행위에 Q라는 결과가 발생하는 것에 개연성이 있다면 상당한 인과관계가 있다고 보는 견해이다. 주관성의 개입이 농후한 가설이어서 비판을 많이 받고 있는 가설이다. 상당인과관계설은 '미필적 고의(未必的故意)'와도 관련이 있다. 당신의 행동이 어떤 결과를 초래할 수도 있을 때, 그 결과가 발생하더라도 상관없다는 심리로 그 행동을 하는 것을 말한다. 가령, 당신이 활쏘기 연습 중 평소 싫어하던 당신의 지인이 접근하는 것을 보았다. 당신은 위험 상황임을 알았으나 그가 죽더라도 인명재천이라고 치부하면서 연습을 계속했다. 조금 후 빗나간 화살을 맞고 그는 사망했다. "재미로 던진 돌에 개구리 맞아 죽는다."는 격이다. 반대말은 '확정적 고의'다.

과학은 말할 것도 없고 의학, 법학, 정치, 경제, 사회 모든 분야에서 연구자들은 원인 규명에 전력투구한다. 검사와 변호사는 서로 다른 인과관계를 주장하며 혈투를 벌인다. 문제의 핵심을 파악한다는 것은 인과관계를 정확하게 규명하는 것과 같다.

앞에서 우리는 원인과 결과를 혼동하지 말아야 한다고 했는데, 이제 이 문제를 조명할 차례다. 문재인 정부의 경제정책 중 뜨거운 감자가 된 '소득주도성장' 정책에 관한 것이다. 이 정책의 가장 큰 문제는 원인과 결과를 혼동하는 중차대한 사안이다. 이 문제는 여기에서 취급하기에는 너무 방대해서 다만 문제의식을 환기하는 것으로 그치고자 한다. 전통 논리에서, 존재와 사건에는 반드시 그것을 발생시키는 원인이 있다는 인과율[10]을 존재의 필연적 법칙으로 설정하고 있다. 콩 심은 데 콩 나고, 팥 심은 데 팥 난다!

어떤 두 사건이 연이어 일어나면, 사람들은 먼저 일어난 사건이 나중에 일어난 사건의 원인일 것이라고 쉽게 단정하려 한다. 이를 라틴어로 '포스트 혹, 에르고 프롭터 혹post hoc, ergo propter hoc : 이 이후에, 따라서 이 때문에'라고 하는데, X라는 사건 이후에 Y가 발생했을 때, X가 Y의 원인이라고 주장하는 오류이다. 이를 '전후관계를 인과관계로 착각하는 오류post hoc fallacy'라고 한다. '까마귀 날자 배 떨어진다烏飛梨

---

10 인과율과 인과관계는 거의 동의어로 쓰이지만, 전자는 종교 용어로, 후자는 법률용어로 각각 뉘앙스가 다르다.

墜'는 말은 까마귀가 날아간 후에 우연히 배가 떨어졌을 뿐이지 까마귀가 원인이 돼서 배가 떨어진 것은 아니다.

좋은 날씨는 언제나 흐린 날씨에 뒤이어 온다. 그렇다고 흐린 날씨가 좋은 날씨의 원인은 아니다.

흄David Hume, 1711~1776은 아무리 여러 번 X가 Y를 동반하는 것을 관찰한다고 하더라도, Y가 X를 언제나 뒤쫓아 일어난다고 생각할 아무런 논리적 근거가 없다는 점을 적시했다.

그것은 다만 심리적 사실이지 논리적 함의의 문제가 아니라는 것이다.[11] 칸트는 흄 덕분에 '독단적 잠sommeil dogmatique'에서 깨어날 수 있었다고 증언한다.

근대과학의 방법론에서는 '동일한 조건원인 하에서는 동일한 현상결과이 생긴다'는 방식으로 인과관계를 기술한다. 즉 인과율이 존재의 법칙이라기보다는 과학 이론을 세우기 위한 통제원리로 이해하였다. 이는 칸트의 견해로 "아니 땐 굴뚝에 연기 나랴"라는 말처럼 인간은 항시 원인을 추궁해서 인과관계는 다름 아닌 '이성의 속성'이라는 것이다. 대부분의 학자들이 이 견해를 지지한다.

다시 한 번, 인과관계란 어떤 두 개의 사실이 원인과 결과의

---

11 포퍼(K. Popper)는 더욱 앞으로 나아갔다. 수없이 흰 백조를 보았더라도 "모든 백조는 희다"라는 보편명제의 참임을 입증할 수 없다는 것이다. 단 한 마리의 검은 백조의 출현만으로도 이 명제를 반증할 수 있기 때문이다. 실제로 1697년 호주에서 검은 백조가 발견되었다. 그래서 포퍼는 과학의 기준은 증명이 아니라 반증에 의거해야 한다는 '반증가능성(falsibility)'을 내세운다.

관계에 있을 때를 말한다. 그러므로 인과관계는 재현가능성 reproductibility의 확인 등 누적적으로만 뒷받침될 뿐이다.

정리를 하자.

X가 Y의 원인이라면,

1. X가 Y보다 시간적으로 선행하고,
2. X가 있으면 Y도 있고, Y가 없으면 X도 없다.
3. X보다 X의 역할에 더 적합한 제3의 변항 Z가 없다.
4. 이러한 관계가 충분히 안정적이다. 즉 시간이 지나면서 이러한 관계가 사라지거나, 다른 변항의 개입에 의해 관계가 변동하지 않는다.

이것만으로도 충분하지 않다. 우리가 간신히 식별해 낸 한 가지 원인보다 훨씬 더 복잡한 원인이 있지 않을까 늘 자문해 보아야 한다. 사람들은 다양한 원인들이 서로 복잡하게 상호작용한다는 것을 너무 자주 쉽게 잊어버린다. 낯선 사람을 보고 미소를 짓는 아주 단순한 행위도, 전날 밤의 숙면 여부, 그 날의 시간대, 낯선 사람의 용모 등 다양한 요인에 의해 결정된다.

하나의 원인에 의해 연속적으로 결과가 발생하는 경우도 있다. 흔히 '일파만파'로 표현되곤 한다. 어떤 원인도 알고 보면 또 다른 원인의 결과일 뿐이다. 그래서 제대로 원인을 분석하기 위해서는 '원인의 원인'까지 탐구하는 수고를 마다하지 않아야 할 것이다.

1994년부터 이듬해까지 미국의 상징인 흰머리독수리가 미국 남동부 아칸소를 비롯한 4개 주_州의 댐이나 저수지 근처에서 70여 마리 이상이 숨졌다. 죽은 독수리를 부검한 결과, 독수리의 뇌가 부어오르고 액포가 발견되었다. 이 병은 액포성 골수병증_{Vacuolar myelinopathy, VM}으로 불린다.

27년 동안 원인을 찾지 못하던 중 조지아대학의 수잔 와일드 교수 팀이 2021년 3월 25일 〈사이언스〉에 발표한 논문을 통해 "흰머리 독수리에서 나타난 VM은 시아노박테리아가 만든 독소가 원인"이라고 밝혔다. 시아노박테리아는 남조류라고도 불리는 원핵 생물로서 물속 수초에 붙어 자라는데 신경독소를 만든다. 물닭이나 물고기가 독소에 오염된 수초를 먹으면 위에서 언급한 VM에 걸리게 된다. 흰머리독수리는 이것들을 먹고 병에 걸렸던 것이다.

그러나 이것이 다가 아니다. 연구팀은 오랜 조사 끝에 수초를 제거하기 위해 뿌린 제초제에 든 브롬 성분이 발단이라는 사실을 확인했다. 브롬 성분에 노출된 시아노박테리아가 독소를 생성했던 것이다. 정확한 원인이 규명되자 제초제 사용이 금지되고 대신 물고기를 동원해 수초를 제거하자 더 이상의 피해는 보고되지 않았다.

4. 우연이란 무엇인가?

　　이제 주제를 바꿔 칼 융[12]의 동시성 개념과 그 의미에 대해서 잠시 숙고하려고 한다. 동시성synchronicity은 주관적 세계와 객관적 세계 사이의 유의미한 일치를 말한다. 이는 두 가지 사건이 단순히 동시에 일어나는 것을 가리키는 동시synchronism와는 전혀 다르다.

　어떤 계기에 한 개인의 정신적 상태와 외부적 사건 사이에 일치가 발생할 때에는 물리적 세계와 심리적 세계가 동일한 실재The Real의 두 측면에 지나지 않는 것인지 자문하게 된다. 융은 이런 실재

12　Carl Gustav Jung(1875~1961), Synchronizitat als akausaler Zusammenhange(동시성 비인과적인 연결원리), 1952 프로이드와 쌍벽을 이루는 정신의학 분야의 개척자. 집단무의식의 개념으로 심리학의 새로운 장을 연 탁월한 심리학자.

를 'Unus Mundus하나의 세계'라고 불렀다.

동시성의 사건들은 산발적이며 불규칙적으로 일상을 초월해서 일어나는 현상이다.[13] 그런데 그것은 융이 '비인과적 질서acausal drderedness'라고 명명한 보다 보편적인 원리의 특수한 실례들에 지나지 않는다.

비인과적인 질서란 자연nature에는 원인을 알 수 없는 어떤 질서가 작용한다는 것이다. 예컨대, 방사성 붕괴radioactive decay는 확률적인 현상으로 물질 안의 어떤 원자가 붕괴할지 예측하는 것은 불가능하다.

인간의 무의식이 현존하는 인과적 시공간을 초월하는 다른 차원의 영역이라는 사실은 거시적 인과율을 위배하는 것처럼 보이는 양자역학Quantum Mechanics의 강력한 지지를 받는다. 1935년 아인슈타인은 이른바 'EPR 사고실험'의 결과인 논문을 발표하였다.[14] 이 실험을 통하여 같은 시간에 만들어진 하나의 전자와 또 하나의 다른 전자 사이에 순간적으로 서로 정보를 주고받는 장field이 엄연히 존재한다는 사실이 드러났다. 상대성 이론에 따르면 빛보다 빨리 움직일 수는 없기에 아인슈타인이 '도깨비 같은 원격 작용spooky

---

13 종군기자 남편이 유탄에 쓰러지는 바로 그 순간, 유럽의 아내는 부엌에서 접시를 떨어뜨린다.

14 Einstein, Podolsky, Rosen, "Can quantum mechanical description of physical reality be considered complete?", Phys. rev. 47, 1935, pp. 777~780.
(이 논문은 3페이지에 불과하지만 과학계에서 가장 많이 인용된 논문으로 유명하다.)

action at a distance'이라고 부른 이런 현상은 분명히 상식적인 인과율을 어기는 것이다. 아인슈타인은 양자역학이 완전한 물리 이론이 아 님을 보이기 위해 이 역설을 발표한 것이다.

그러자 탁월한 물리학자 데이비드 봄[15]은 국소적local '숨은 변수 hidden variable'가 빠져 양자역학은 불완전한 이론이라는 아인슈타인 을 거든다. 1964년 존 벨은 '벨의 정리Bell's theorem'를 통해 양자의 세 계에서는 비국소성non-locality[16], 즉 모든 것들이 시공간을 넘어 밀접 하게 연결되었다는 정리를 발표한다. 비국소성은 고전 역학에서 진실로서 받아들여지는 국소적 리얼리즘local realisme과는 양립할 수 없는 미시 세계의 현상이므로 아인슈타인이 반발한 것도 이해할 만하다.

이어서 1982년 아스페Aspect[17]의 세 번에 걸친 실험에 의해 이 '역 설'은 실은 역설이 아니라 양자 세계의 자연스런 현상이라는 사 실이 결정적으로 확인되었다. 즉 두 입자는 우주적으로 얽혀 있 다는 것이다. 이것이 의미하는 바는 이 세계는 인과율을 넘어서

---

15 David Bohm(1917~1992), 이론물리학자로서 20세기 후반 가장 독창적인 사상가 중 한 사람으 로서 '숨겨진 변수(hidden variable)' 이론으로 유명하다.

16 국소성(locality)이란 하나의 공간 영역에서 일어나는 사건은 다른 공간 영역에서 일어난 사건으 로부터 전혀 영향을 받지 않는다는 것을 말한다. 비국소성(non-locality)은 이런 국소성이 지켜 지지 않는 경우를 말한다.

17 Alain Aspect(1947~), 프랑스의 물리학자.

짜여진 세계라는 사실이다.[18] 물리학에서는 이 현상을 '양자얽힘quantum entanglement'이라고 부른다.

'우연chance'은 인과율과 상반되는 개념이다. 이제 우리는 '필연'과 '우연'이 대립하는 지점까지 온 셈이다. 이 세계의 존재는 우연인가 아니면 필연인가? 방금 검토한 바와 같이 미시세계에서는 우연성이 지배적인 듯하다. 그러나 거시세계는 필연성이 지배한다. 양자 사이에 어떤 관계가 있는지는 우리가 알기로는 아직까지 밝혀진 바가 없다.

아나톨 프랑스는 이런 말을 했다. "우연이란 신이 서명하고 싶지 않을 때 쓰는 가명이다."

사건들 사이에 분명한 인과관계를 알지 못할 때 그것을 우연이라 부르는가?

---

18 보다 자세한 내용을 알고 싶은 독자는 필자의 논문 〈중첩, 얽힘, 그리고 결깨짐 : 현대물리학의 철학적 도전〉(철학사상 제24호, 서울대학교 철학사상연구소, 2007)을 참고할 것.

5. 행복과 불행을 판가름하는 원인과 결과의 법칙

과학에서의 인과법칙을 불교에서는 인연법因緣法[19] 또는 연기법緣起法이라고 한다. 하찮게 보이는 하나의 풀잎조차 온 우주와 연결되어 있다는 것이 연기법이다. 불교의 교리는 철저하게 인연법因緣法을 따른다.[20] 여기에 사과가 있으면 그것은 사과 씨가 있었기 때문이다.

씨는 인因으로서 내적, 직접적 원인이다. 씨가 싹이 트게 해주는 물, 바람, 흙, 햇빛은 연緣으로서 외적, 간접적 원인이다. 그리고 사

---

19 '인(因)'은 내적, 직접적 원인이고, '연(緣)'은 외적, 간접적 원인이다.

20 인연법은 그 자체로도 중요하지만 무아론(無我論)을 반신반의하는 사람들을 설득할 수 있는 결정적 논거를 제공한다. 모든 것은 인연으로 인하여 생겨나고, 인연으로 인하여 사라진다.(因緣生 因緣滅)

과는 과果이다.[21]

어떤 사건에 부닥쳤을 때, 사람에 따라서 막연하게 비관적인 사람도 있고, 반대로 막연하게 낙관적인 사람도 있는데 둘다 원인분석력이 부족한 데에서 기인한다.

원인 파악이 중요한 이유는 삶의 모든 것이 거기에 달려 있기 때문이다. 진화론의 관점에서 볼 때 인과관계를 잘못 설정하는 개체는 도태될 수밖에 없다.

원인-결과의 도식은 자극과 반응, 작용과 효과, 투자와 이윤, 사물과 사물의 관계, 하나의 사건과 다른 사건의 관계를 파악하는 아주 유용한 도구다.

이유reason와 원인cause을 구분할 필요가 있을까? 가령 배가 아플 때 우리는 그 이유를 잘 모른다. 병원에 가서 진찰을 받아보고 나서야 원인이 되는 질환이 30여 가지가 된다는 사실을 알게 된다. 따라서 '이유'는 '원인'보다 상위의 개념이라고 볼 수 있다.

다른 맥락에서, '이유'는 '의도가 담긴 원인'으로 해석해야 할 경우도 있다. "너 그렇게 화내는 이유가 뭐야?"라고 말하지, "너 그렇게 화내는 원인이 뭐야?"라고는 말하지 않는다.

앞으로 연구할 과제는 정신계와 물질계의 상호작용이다. 물질

---

21 인연법을 인간에게 적용하면 12연 기법이 된다. 우주와 인생에 대해 성찰하려면 반드시 공부해야 한다.

계는 새로운 생각을 만들어내고 정신계를 재구성하는 능력을 가지고 있다. 컴퓨터나 TV, 스마트폰카카오톡, 블로그, 페이스북, 트윗 등을 보면 어렵지 않게 수긍할 것이다.

역으로, 정신계는 물질계에 영향을 준다. 건물, 도로, 교량, 성당, 지하철, 선박, 핵폭탄, 이 모두가 정신이 의지를 통하여 구현된 것들이다. 모든 인공물은 우선 마음속에서 상상되고, 그 다음에 현실에서 구체화된다.

마음속에서 세계에서 가장 높은 건물을 짓겠다는 착상이 엠파이어스테이트 빌딩으로 가시화 된 것이다. 생각은 그 자체가 강력한 에너지라는 사실을 우리는 종종 잊고 산다. 외부세계를 개선하고 싶은가? 그렇다면 먼저 내면으로 들어가 생각의 질을 향상시켜라!

이렇게 원인과 결과의 법칙을 잘 이해하는 것은 고통을 사전에 예방하기 위해 필수적이다. 누가 봐도 당신이 당신의 삶을 망치고 있는 게 명백한 대도 이를 고치지 않는다면 불행에 빠질 수밖에 없지 않겠는가. 나중에 찾아올 후환은 안중에도 없고 하고 싶은 대로 멋대로 살다가 언젠가는 혹독한 대가를 치러야 한다는 것이 원인과 결과의 법칙이다.

일상의 실천적 차원에서 인과법칙을 정리해보자. 인과관계를 실존적 차원에서 우리 자신에 적용해보자는 것이다.

첫째, 사람들이 간과하는 중차대한 사실이 있는데, 그것은 원인에 대해서는 생각하지 않고 결과만을 따지려는 경향을 보인다는 점이다. 사람들은 자기가 과거에 했던 일들을 곧잘 잊어버리고 먼 훗날 결과가 돌아왔을 때 "왜 나에게 이런 일이 생기지? 이건 너무 불공평해!"라고 생각한다. 결과가 나타나더라도 좀처럼 스스로 깨우치지 못 하는 경우가 많다. "먹는 것도 없는데 살만 찐다!"고 말도 안 되는 소리를 태연하게 한다.

악습을 고치지 못하는 연유가 바로 여기에 기인하지는 않는지? "미래의 고통은 현재에 이루어진다"는 종범속명 서정문 스님의 법문을 항시 떠올려야 한다. 결과를 좋게 하려면 무엇이 선행되어야 하는가? 선인선과善因善果요, 악인악과惡因惡果다.

둘째, 내가 하는 말이나 행동이 원인이 되어 다른 사람에게 어떤 영향을 초래할 것인지에 대해 아는 능력이 대단히 부족하다. 그래서 태연하게 말을 함부로 하고 아무렇게나 행동한다. 그런 사람들이 많을수록 그만큼 세상은 시끄러울 수밖에 없다.

셋째, 누구나 어렸을 적에 캄캄한 밤길을 무서워했던 기억이 있다. 낮에 다닐 때는 괜찮았는데 왜 밤이 되면 무서울까? 볼 수 없기 때문에 아무것도 알 수 없어서 무서운 것이다. 적지 않은 사람들이 미래에 대해 근심 걱정을 한다. 그것은 바로 무지無智, 미래에 무슨 일이 일어날지 모르기 때문이다.

무한한 우주공간에서 인간은 극히 미미한 존재이다. 그래서 유한한 인간이 의지할 수 있는 유일한 의지처로서 인류는 종교와 예술에서 의지처를 찾아왔다.

자신이 원인 모를 불안과 강박관념에 시달린다면 그것은 자신의 무지에서 기인한다는 사실을 알아야 한다. 번민에 휩싸이는 것은 지혜가 부족해서다. 잘못된 견해와 집착에 기인하는 무명無明은 모든 번뇌의 근원이다.

무명을 밝히는 일, 무명을 깨는 삶을 인생의 궁극적인 목표로 삼아야 한다는 것이 우리가 인과관계로부터 배울 수 있는 실천적 교훈이라고 생각한다. 함수function는 인과율을 수학적으로 표현한 것이다. 우리가 애용하는 커피머신도 일종의 함수다. 500원 짜리 커피인 경우,

원인	X(500원 동전)
기계	f( )
결과	f(X) = 커피 한 잔

그러나 이런 단선적 인과관계linear causality는 인간관계에서는 통하지 않는다. 여기에서는 서로 영향을 주고받기 때문에 순환적 인과관계circular causality가 작용한다.

복잡계complex system에서는 단선적 인과관계는 통하지 않는다. 복

잡계에서는 어느 장소에서 일어난 작은 사건이 주변의 다양한 요인에 작용해서 아주 멀리 떨어진 곳에서 일어난 사건의 원인이 된다고 보는데, 다음에 살펴보게 될 '나비효과'로 인용되곤 한다.

결과가 새로운 원인이 되어 또 다른 결과를 낳고 이런 식으로 무한정 반복되어 이른바 일파만파—波萬波가 되는 것이다.

6. 나비효과는 인과관계인가?

　　"터럭만큼의 실수가 천리나 되는 엄청난 잘못을 초래 한다.失之毫釐, 差以千里" 사마천《사기열전》'태사공 자서'에 나오는 말이 다. 아주 작아 보이는 행위나 실수가 엄청난 결과나 잘못을 가져 온다는 뜻으로 이미 2100년 전 사마천은 역사적 사실을 통하여 '나비효과'를 예비하고 있었다.

　1962년 어느 날 미국 매사추세츠공과대학MIT 수학자이자 기상 학자인 로렌츠Edward Lorenz는 컴퓨터 시뮬레이션을 통해 기상변화 를 알아보는 과정에서 정확한 초기값 0.506127 대신에 소수점 일 부를 생략한 0.506을 입력했다. 그날 점심식사 후 그 결과를 보니 상상을 초월했다. 0.000127이라는 미세한 입력치 차이가 경천동 지할 기후 패턴 결과로 나타났기 때문이다. 즉 0.506을 입력했을 때는 '아주 맑음'이라는 결과가 나왔고, 0.506127을 입력했을 때는 '천둥 번개'라는 결과가 나왔다. 초기의 근소한 차이가 결과에 엄청난 변화를 초래한다는 로렌츠의 발견은 흔히 '나비효과'로 일컬어진다. 이렇게 해서 이제 사람들은 날씨를 카오스chaos 현상으로 보게 되었다.

나비효과가 적용되는 사례는 무수히 많다. 생각을 통해 작은 문제도 큰 문제로 증폭시키는 사람이 있고, 큰 문제를 아무렇지 않게 보는 사람도 있다. 나비의 여린 날갯짓이 큰 기후 변화를 일으키듯, 작은 사건이 예상하지 못한 엄청난 결과로 이어지는 일이 인생에는 얼마든지 있다. 지극히 사소한 일로 야기된 부부싸움이 이혼에까지 이르는 비극적인 사태가 얼마나 많은가.

'미국의 재채기로 독감에 걸린 세계 경제'도 일종의 나비효과로 볼 수 있겠다. 사실 나비효과는 예전부터 사람들이 직관적으로 알고 있었는지도 모른다. 일본에서 '바람이 불면 통장수가 돈을 번다'[22]든지 영국에서 '못 하나가 없어 나라를 잃었다'[23]라는 이야기는 풍자적으로 나비효과를 묘사한 사례들로 보여진다.

---

[22] 바람이 분다 → 흙먼지가 날린다 → 눈에 먼지가 들어가서 눈병에 걸린다 → 눈병 때문에 맹인이 늘어난다 → 맹인은 샤미센(일본의 현악기)을 산다 → 샤미센에 필요한 고양이 가죽 때문에 고양이들이 죽는다 → 고양이가 줄자 쥐가 늘어난다 → 쥐들이 통을 갉아 먹는다 → 통의 수요가 늘어나 통장수가 돈을 번다.

[23] 못 하나가 없어서 편자를 잃었고, 편자가 없어서 말을 잃었고, 말이 없어서 기수를 못 얻었고, 기수가 없어서 전투에 졌고, 전투에 져서 전쟁에 패했고, 전쟁에 패해서 나라를 잃었다.

이제 진지한 질문을 던질 차례가 되었다. 과연 나비의 날갯짓이 천둥 번개의 원인인가? 전혀 그렇지 않다. 나비는 단지 초기 조건의 무수히 많은 요소들 중 하나에 불과할 뿐이며, 모든 요소들이 함께 천둥 번개를 가져온 것이다. 여기까지가 자연법칙에 관한 것이다. 그러나 인간사에 관해서는 또 다른 스토리가 전개될 수도 있다. 삶이 지극히 사소한 일에 어떻게 지배를 받는지 사람들이 안다면 당혹스러울 것이다. 별 볼일 없는 사건들과 사소한 계기들이 축적되어 때론 한 국가의 존망을 좌우하고, 수백만 명의 운명을 결정할 수도 있다. 1914년 6월 28일 사라예보에서 울린 한 방의 총성이 천만 명 이상의 인명 살상을 가져올 줄 누가 알았겠는가.

여기에서 우리가 배운 교훈은 우주상의 모든 것은 서로 연결되어 있다는 사실이다. 화이트헤드[24]는 이를 다음과 같이 표현한다.

> "존재하기 위해 오직 자기 자신만 필요로 하는 것은 설령 신일지라도 불가능하다.[25] 우주는 부분과 전체를 분리할 수 없는 관계망의 총체라는 사실은 양자역학의 강력한 지지를 받는다.[26]"

---

24 Alfred N. Whitehead(1861~1947), 영국의 수학자이자 철학자. 관계론적이고 반기계론적인 유기체 철학을 확립.

25 There is no entity, not even God, which requires nothing but itself in order to exist.

26 비국소성(non-locality) 또는 양자얽힘(quantum entanglement)이라는 현상으로 설명된다. 앞에서 이에 대해 간단하게 언급되었다.

전혀 다른 맥락에서 우리가 '준_準나비효과'로 부르는 현상인데, 그것은 남의 말을 전달할 때 나타난다.

사람들은 말을 전할 때 최초 화자의 말을 손대지 않고 그대로 전하는 경우는 거의 없다. 전달자는 자신이 중요하다고 여기는 부분은 과장하고, 덜 중요하다고 보는 내용은 축소하기 마련이다. 더군다나 전달이 여러 단계를 거친다면 왜곡될 가능성은 그만큼 더 커진다. 입에서 입으로 전해지는 정보의 내용이 얼마나 심각하게 왜곡되는지 다음의 사례는 극명하게 보여준다.

A → B	X가 오늘 안 보이네요. 어디가 아프신가요?
B → C	X가 아프다고 A씨가 걱정하더군요.
C → D	X가 아픈가 봐요. 심하지 않았으면 좋겠는데.
D → E	X가 중병이래요. 병문안을 가 봐야 되겠네.
E → F	X 상태가 나쁜데요. D씨가 병문안 갔어요.
F → G	X 상태가 위급한가 봐요. 친척들이 모여 있대요.
G → H	X 일 알아요? 아직 살아 계신지 몰라!
H → I	X가 언제 돌아가셨대요?
I → J	X 장례식에 함께 가시겠어요?
J → X	나 어제 당신이 죽어서 장례식까지 치렀다는 말을 들었어요. 대체 누가 그런 허무맹랑한 소문을 퍼뜨렸지?

판단력 수업

나와 다른 것은 그저 다를 뿐, 틀린 것이 아니다.

이런 진실을 모두 인정할 때

인종, 민족, 종교, 성별, 외모 등

어떤 것이 나와 다르더라도 편견 없이

개인을 대하고 존중하는 풍토가 조성될 것이다.

제5장

우리 사회의 오류와 편견

– 한국병 진단

판
단
력

수
업

●

1. 내로남불

내가 하면 로맨스, 남이 하면 불륜

　　사람들은 너나할 것 없이 자신이 세상의 중심이라고 생각한다. 따라서 이는 수많은 문제의 근원이 된다. 왜 그리도 소통이 어려운가? 우리는 보통 우리의 말과 글이 정확하고 객관적이라고 믿는다. 그러나 그것은 우리 자신의 프레임 내에서만 그렇다는 것이지 상호 주관성이 보장된 것이 아니어서, 상대방의 틀에서 보면 애매하고 모호한 것이다. 이런 불통으로 발생하는 오해와 갈등에 대해 사람들은 서로 상대방의 무감각을 원망한다.

　　'자아'는 무자비한 독재정권이다. 이로부터 4번뇌[1] 즉 아치, 아견,

---

[1]　4번뇌(煩惱)　• 아치(我癡) : 나의 어리석음
　　　　　　　　　• 아견(我見) : 나의 견해에 집착함
　　　　　　　　　• 아만(我慢) : 자신을 높이고 남을 업신여기는 마음
　　　　　　　　　• 아애(我愛) : 가짜 자아에 대해 탐착(耽着)하는 마음
　　　　※ 네 가지 어리석음을 총칭해서 아상(我相)이라고 한다.

아만, 아애가 비롯되어 세상을 보는 방식을 일의적으로 결정해 버린다. 미셸 푸코[2]의 말처럼, 어떤 사물에 대하여 설명하라고 하면 사람들은 오직 자신에 대해서만 말한다. 귀룽나무 옆을 지나가던 한 여성은 "저 나무 참 요염하다!"라고 감탄한다. 나무가 요염할 수는 없는 노릇이고, 그녀는 자신의 감정을 나무에 빗대어 말한 것일 뿐이다. 그래서 갑이 을에 대해서 말하는 것을 가만히 들어 보면, 나는 을에 대해서보다 갑에 대해서 더 잘 알게 되는 것이다.

자기중심적 사고는 불가피한 면이 없지 않다. 이러한 사고의 부정적 유형이 다음에 보게 될 한국형 '내로남불'이다. 행위자performer와 관찰자observer는 서로 다른 추론을 하는데, 이를 '기본적 귀인 오류fundamental attribution error'라고 한다. 우리는 요즘 유행하는 '내로남불내가 하면 로맨스요 남이 하면 불륜'이라는 말로 바꿔 보았다. '귀인'이란 특정한 행동의 원인을 추출하는 것인데, 상황적 귀인situational attribution과 기질적 귀인dispositional attribution 두 종류가 있다. 우리는 자신의 잘못에 대해서는 상황적 귀인을 하는 반면에, 다른 사람의 잘못에 대해서는 기질적 귀인을 하는 경향이 있다. 즉, 내 잘못은 '어쩔 수 없는 상황 탓'이지만, 타인의 문제는 '그 사람의 기질 탓'이라는 논

---

2 Michel Foucault(1926~1984), 루이 알뛰세르(Louis Althusser, 1918~1990, 맑스주의 철학자)와 더불어 20세기 프랑스 철학을 주도한 인물. 그의 저서 《말과 사물》은 모닝빵처럼 팔려나갔다고 전해진다.

리다. 그래서 귀인오류를 '행위자-관찰자편향actor-observer bias' 또는 '행위자-관찰자 비대칭actor-observer assymmetry'이라고도 한다.

'내로남불'의 사례는 수없이 많다. 정치에서 야당시절에 어떤 안건을 비판하던 사람이 여당이 되어서는 옹호하는 경우를 우리는 수없이 보아 왔다. 기질적 귀인 오류가 집단 사이에 나타나는 것을 '궁극적 귀인 오류Ultimate attribution error'라고 한다.

예컨대, 백인들은 흑인의 부정적 행동에 대해서 기질적 귀인을 하고, 백인의 부정적 행동에 대해서는 상황적 귀인을 한다. '내로남불'이 자기가 속한 조직에 적용된 것이 이른바 진영 논리다. 우리 편과 다른 견해나 관점을 가진 다른 편을 모두 글러 먹었다고 확신하는 것이 진영논리의 핵심이다.

2. '다른 것'을 '틀린 것'으로 혼동

그리 생각하니 틀려먹은 거야

우리나라 사람들이 어른 아이 할 것 없이 가장 잘못 쓰는 말이 '틀리다'이다. '다르다'는 의미를 틀리다고 표현한다. 이는 사회적으로, 아니 국가적으로 중차대한 귀결을 가져온다.

이혼하는 부부들은 흔히 '성격차이'를 들며 불가피성을 역설한다. 그러나 그것은 평계에 불과한 것이 당연히 성격은 다르기 때문이다. 진실은 자신과 다른 성격을 나쁘게 여기거나 틀렸다고 보는데 있다.

'다른 것different'은 '틀린 것wrong'이 아니다. 어떤 사람의 생각과 행동이 나와 다르다고 해서 그 사람이 틀린 것은 아니다. 단지 나와 다른 것뿐이다. 그런데 유독 한국 사람들은 다른 의견을 제시하는 사람을 자신에게 대드는 것으로 착각하고 적대시 한다. 프랑스 사람들의 경우, 자신과 다른 의견을 제시하는 사람이 있으면, "그거 참 흥미롭네요! 어디 한번 들어 보자"라고 하면서 매우 호의적이다.

'다름'은 사실 축복이다. 얼굴과 지문이 다 다르듯이, 생각 또한 얼마든지 다를 수 있다. 이는 매우 자연스러운 일이다. '나를 나답게 만드는 것', 그것은 바로 남과 다름에 있다. 다른 것은 비난받아야 할 것이 아니라 마땅히 존중받아야 한다. 영국의 경제학자이자 철학자인 존 스튜어트 밀John Stuart Mill 1806-1873은 "사람들과 만나 그들의 다른 생각과 행동을 경험하는 것은 아주 가치 있는 일이다. 이러한 소통은 전에도 그랬듯이 지금 이 시대에도 진보의 주요 원천이다"라고 말했다. 아름다운 은퇴를 한 메르켈 독일총리도 "건강한 민주주의는 반대의견을 얼마나 접는가에 달렸다"고 말했다.

그런데 우리 사회의 풍토는 '다른 것'은 '나쁜 것'이라고 쉽게 단정한다. 누가? 많은 어른들이 그렇게 행동한다. 우리나라 대부분의 학부형들은 자신의 아이가 남과 다르게 행동하는 것을 일탈행동으로 취급하고, '다르다=틀리다'의 공식을 강화시킨다. 거기에 획일주의 교육 방식도 사정을 크게 악화시킨다.[3] 그런 풍토에서는

---

[3] "다르게 생각하는 사람보다 똑같이 생각하는 사람을 더 존중하도록 가르치는 교육이야말로 젊은 이들을 망치는 가장 확실한 길이다." – 니체의 경구로 오늘의 한국교육 현실에 경종을 울려준다.

자라나는 세대들도 나중에 그렇게 될 수밖에 없지 않은가. 이렇게 상대의 다른 점을 틀린 것으로 간주하게 되면 우리 사회 곳곳에서 갈등과 분란을 초래한다. 부부 간에 서먹한 분위기, 부모 자식 간에도 갈등이 생긴다. 특히 친구 간의 몇십 년 우정이 깨지는 것도 바로 이 고질병 때문이다. 우리 사회 전반에 만연해 있는 개탄스런 세태이다.

여러 사람이 있는 곳에서 정치나 종교에 관한 주제를 함부로 꺼내서는 안 된다는 불문율도 그만큼 이 분야에서는 나의 신념과 다른 것은 틀린 것이라는 비난을 받을 소지가 많기 때문이다.

대표적인 '한국병'은 보수와 진보의 대립이다. 진보는 보수를 '친일파', 보수는 진보를 '빨갱이'라고 서로 비난한다. 보수와 진보의 이념은 서로 다른 것이지 참과 거짓의 문제가 아니다. 보수나 진보 그 자체는 결코 완벽한 이념이 아니다. 각각 나름대로 장단점이 있기에 상호보완적으로 나아가야 한다. 질서와 안정을 표방하는 '보수'와 개혁과 혁신을 표방하는 '진보'가 왜 나쁜가? 둘 다 필요하다. 새는 좌우 양 날개로 난다. 그렇지 아니한가! 나와 의견이 다르다고 해서 틀린 것으로 단정한다면 과연 이런 나라에 어떤 미래를 기대할 수 있을 것인가.

전쟁 중에서 종교전쟁이 제일 잔혹하다고 한다. 상대를 마귀 내지 악마로 보기 때문이다. 나의 주장과 다른 주장을 틀렸다고 간주할 때 사람들이 자주 빠져드는 오류가 '허수아비 공격의 오류[4]이다. "네 말대로라면 세계가 미쳐 돌아갈 걸!" 이처럼 다른 의견을 제시하면 이를 모욕으로 받아들인다는 데에 문제의 심각성이 있다.[5]

가장 나쁜 것은 반대 의견을 품고 있는 사람들에게 사악하고 부도덕한 인물이라는 오물을 뒤집어씌우는 일이다.[6] 이것이 바로 전체주의적인 언어totalitarian language[7]가 횡행하는 시기다. 이런 언어의 논리는 다음과 같다.

너는 나와 다르다.
고로 너는 틀렸다.
따라서 나는 너를 죽일 권리가 있다.

이런 말도 안 되는 사이비논리가 판치는 사회의 미래는 희망이 없다.

---

4   상대방의 입장을 공격하기 쉽게 곡해하여 발생하는 비형식적 오류.
5   근대과학에서 동양이 서양에 뒤진 것이 이러한 이유 때문이라고 분석한 과학철학자도 있다.
6   우리는 이러한 예를 '빨갱이'나 '토착왜구'라는 표현에서 본다. 좌우 이념을 떠나 참으로 유감스러운 일이다.
7   이데올로기에 의한 오염된 언어로서 자신과 다른 생각 즉 일체의 비판을 적대시하는 독재체제의 언어, 예를 들어 "보수를 궤멸시켜야 한다", "좌파를 척결해야 한다"는 말은 대표적인 전체주의적 언어로 볼 수 있다.

키케로는 반대자의 주장을 자신의 주장을 옹호하는 것과 같은 정도의 열성을 가지고 그 사람의 입장에서 곰곰이 생각했다고 한다. 본받을 일이다.

나와 다른 것은 그저 다를 뿐, 틀린 것이 아니다. 이런 진실을 모두 인정할 때 인종, 민족, 종교, 성별, 외모 등 어떤 것이 나와 다르더라도 편견 없이 개인을 대하고 존중하는 풍토가 조성될 것이다. '모 아니면 도' 식의 흑백논리Fallacy of black-and-white thinking도 다른 것을 틀린 것으로 보는 범주에 포함시킬 수 있다. 부분적인 진실을 절대적인 진실로 둔갑시키는 기술이 유난히 뛰어난 것이 우리나라 지식인들의 고질병이다. 양극단에 치우친 사고방식으로서 이분법적 사고라고도 한다. 대표적으로 선과 악, 자본주의와 공산주의, 적과 동지, 기독교와 이슬람교 등등.

둘 다 옳을 수도 있고 둘 다 틀릴 수도 있다. OECD 국가들 중 우리나라의 갈등비용이 1위라고 하는데, 여기에서 흑백논리가 차지하는 비중이 아마도 제일 높을 것이다. 사람들은 자기가 모르는 것을 경멸하는 버릇이 있어서 쉽게 치유되기 어려운 갈등요인이다.

그래서 정반합 변증법적 사고방식, 즉 정과 반이 각각의 해체와 통합을 통해 새로운 합에 도달하는 방식이 모색되어야 할 것이다. 진실은 흑백 양극단에 있는 것이 아니라, 백에 가까운 회색, 혹에 가까운 회색 등 다양한 스펙트럼이 가능하다는 여유를 가져야 한다. 프랑스인들은 단정적으로 말하는 것을 무척 경계하는데, 나의 의견을 제시하고 동의를 구하면 번번이 "Peut-etre아마도!"라는 대답을 듣기 일쑤다. 배워야 할 점이라고 생각한다.

인간의 믿음이나 주장은 대부분 반면半面의 진실에 지나지 않는다. 의견의 차이를 통해 비로소 진리의 모든 측면을 공평하게 다룰 수 있을 것이다.

따라서 의견의 차이는 해害가 아니라 오히려 득得이 되기에 진심으로 기뻐해야 하지 않을까.

진리를 위해서는 의견의 다양성이 필요불가결하다. 중세에 서양에서는 단지 다른 신념을 가졌다는 이유만으로 고문하고 화형에 처했다. 그래서 암흑시대dark age라 하지 않는가. 특히 자신의 믿음에 옳다는 근거가 없을 때, 사람들은 자기와 다른 의견을 가진 자에게 더욱 혹독하게 구는 경향을 보인다. 그것이 마치 자신이 옳다는 증명이나 되는 것처럼 말이다.

3.　가짜뉴스
일단 터뜨리고 보자

　　이야기는 무척 힘이 세다. 요즘 아이들은 할머니의 옛날이야기를 거의 듣지 못하고 자라지만, 할머니의 옛날이야기를 듣고 자란 세대는 이 말에 크게 공감할 것이다. 이야기의 마력을 누가 부인할 수 있겠는가.

　문제는 픽션 이외의 영역에서 벌어지는 이야기에 있다. 이야기 편향은 그럴듯한 이야기들을 엮어서 현실을 왜곡하는 것이다. 스토리텔링 자체는 테크놀로지처럼 가치중립적이다. 그러나 이를 악용하면 '이야기편향', 즉 이야기가 진실보다 더 큰 힘을 발휘하는 데에 있다.

　개혁정치를 펼치려던 조광조를 죽음으로 내몬 '주초위왕走肖爲王, 조씨가 왕이 된다'은 전형적인 혹세무민의 가짜뉴스였다. 가짜뉴스란 경제, 정치적 이익 등을 위해 언론보도 형식으로 퍼트리는 허위사실을 말한다.

사람들은 얼마나 허무맹랑한 이야기에 열광하는가! 이야기의 흡입력 앞에서 얼마나 많은 사람들이 현혹당하는가! 그럴듯한 이야기가 워낙 사람들을 끌어들이는 흡인력이 강하다보니 신문 기사마저도 부화뇌동하지 않던가. 이렇게 말할 수 있는 근거는 그 모든 이야기가 결국 허구였다는 것이 차후에 밝혀지는 일이 비일비재하기 때문이다.

왜 사람들은 이야기꾼의 장난에 놀아나는가? 그 이유는 사람들은 사실과 관련되는 논픽션에 대해서는 비판적이고 회의적인 반면에, 이야기에 푹 빠지면 무방비 상태에 놓이기 때문이다. 이야기의 힘은 항상 이성의 힘보다 크다. 나치의 선전상 괴벨스는 이러한 힘을 악마적으로 활용해 독일 국민을 현혹시켰다.

우리는 '아니면 말고' 식의 폭로는 처벌되어야 한다고 본다.[8] 미국에선 가짜뉴스를 유포한 자는 밝혀지는 즉시 파면 등 제재 대상이다.[9]

---

8 「아니면 말고식 폭로 처벌해야」, 이석연, 동아일보 칼럼, 2006. 4. 19

9 2023. 4. 18 위싱턴 포스트(WP)지는 '개표기 조작으로 트럼프 낙선'이라는 가짜뉴스를 반복 보도한 폭스뉴스로 하여금 소송을 제기한 투개표기 제조업체에게 1조391억 원을 지급하고 소송을 종결하기로 합의했다고 보도했다. 위 금액은 미국 명예훼손 소송 사상 합의금 중 가장 큰 금액이라고 한다.

2016년 옥스퍼드 영어 사전은 그 해의 단어로 '탈진실post-truth'을 선정하고, 탈진실화가 이 시대의 특성이라고 진단했다. 가짜뉴스는 이런 시대를 투영하는 전 세계적 현상이 된 것이다.

무엇이든 우기고 반복을 거듭하면 진실로 둔갑하는 시대가 되어버렸다. 세뇌의 메카니즘과 닮지 않았는가. 이게 가짜뉴스의 본질이다. 정의와 양식common sense이 마비된 사회는 더이상 인간 사회가 아니다. 홉스의 말대로 '만인의 만인에 대한 투쟁'으로, 동굴시대의 혈거인으로 되돌아가는 것이다.

롤프 도벨리Rolf Dobelli[10]는 이렇게 말한다.

"사람들은 추상적인 사실들에 대해서는 거부감을 느끼지만, 이야기에는 본능적으로 끌리게 된다. 그것이야말로 저주다. 그리하여 중요하지 않은 관점들에 밀려서 정작 중요한 관점들이 저평가되는 왜곡이 생긴다. 직관적인 생각은 그럴듯한 이야기에 취약하다. 그러니 중요한 의사결정을 내릴 때 되도록 드라마처럼 앞뒤가 딱 맞는 그럴듯한 이야기에 귀를 기울이지 않도록 노력하길 바란다."

---

[10] 현재 유럽에서 가장 주목받는 지식경영인. 독일의 모든 CEO들이 서류가방에 이 사람의 책을 넣고 다닌다고 한다. 《Die Kunst des guten Lebens》(좋은 삶을 위한 비결). 우리말 번역 제목은 〈불행 피하기 기술〉.

악의로 조작된 스토리텔링에 대한 예방접종이 됨직한 명언이다. 악의적인 가짜뉴스를 조작, 유포하는 행위는 개인과 사회를 파괴하고, 증오를 확산시키는 중차대한 범죄행위다. '아니면 말고' 식의 무책임한 행위에 대해서만은 무관용zero tolerance의 원칙이 적용되어야 마땅하다. 신뢰는 사회적 자산의 근간이기 때문이다.

꼭 악의가 아니더라도 사람들은 자신의 가치관과 일치하는 경우 설령 그 내용이 가짜라 해도 개의치 않는다는 데에 문제의 심각성이 있다.[11]

참고로, 현대경제연구원이 발표한2017년 3월 20일 보고서 〈가짜뉴스의 경제적 비용추정과 시사점〉에 따르면 가짜뉴스에 따른 피해액이 연간 약 30조900억 원에 이른다고 한다. 세부적으로 살펴보면, 그 가운데 당사자 피해 금액은 22조7,700억 원, 사회적 피해금액은 7조3,200억 원으로 나타났다. 당사자 피해 금액 가운데 기업의 영업피해액이 22조2,300억 원으로 대부분을 차지했고, 개인의 정신적·경제적 피해액은 5,400억 원으로 추산되었다. 이 무슨 낭비인가!

사실과 픽션의 경계가 모호해지면 믿고 싶은 것만 믿는 확신편

---

11 지인으로부터 카카오톡으로 가짜뉴스가 날라 왔다. 이미 나는 그 뉴스가 가짜라는 것을 알고 있었으므로 보내온 분에게 이 사실을 알려주었다. 그분의 대답은 "나도 알고 있어. 근데 올리고 싶더라." 이 가짜뉴스는 그 분의 확증편향을 강화시켜주었기 때문이다.

향이 강화되고, 정부나 언론 그리고 전문가에 대한 신뢰도가 떨어진다. 주관적 의견과 악의적으로 날조된 주장이 사실로 둔갑되면 민주주의의 꽃인 토론은 공염불이 되고 말 것이다.

제라드 브로네르Gerard Bronner도 《쉽게 믿는 자들의 민주주의김수진 옮김. 책세상, 2020》에서 가짜뉴스의 위해성에 대해 경각심을 불러일으킨다. 기상천외한 제목을 붙여 클릭을 유도하는데 이것이 돈 문제와 직결되기 때문에 상황은 악화된다.

앞에서도 언급되었던 '음모론'은 가짜뉴스의 다른 이름이다. 사회에 엄청난 반향을 일으킨 사건의 원인을 제대로 설명하지 못할 때, 배후에 거대 권력이나 비밀단체의 짓이라고 추정하는 것을 음모론이라고 한다. 중대한 사건에는 중대한 원인이 있다big cause effect고 믿는 현상이다.

금방 떠오르는 사례로서 '9.11테러 미국 정부 자작설'[12]과 '아폴로 11호 달착륙 연출설'[13] 등이 있다. 1923년 관동대지진과 조선인 학살도 '조선인이 방화하였다', '조선인이 우물에 독을 넣었다' 등 황당하기 짝이 없는 음모론의 비극적인 결과였다.

그런데 희한하게도 '음모론'이라는 용어의 의미가 크게 변질되었

---

12 알 카에다의 테러 계획을 미국 정부가 알고 있었는데도 이를 묵인했다는 것.

13 냉전 시절에 소련에 겁을 주기 위해서 미국이 세트장에서 아폴로 11호의 달 착륙을 연출했다는 설(說).

다. 비판적 지성의 언어학자 촘스키에 의하면, "음모론은 이제 욕설이 되었다. 누군가 세상의 일을 좀 자세히 알려고 할 때 그걸 방해하고자 사람들이 들이대는 논리"가 되어버린 것이다. 음모론자라는 용어가 잘못 사용되어 합리적인 의문을 제기하는 사람의 입을 막기 위한 도구로서 악용되고 있다는 말이다.

정부의 공식입장이나 권력의 나팔수인 주류 언론의 버전에 대한 비판이나 문제 제기는 이제 '음모론'으로 파문을 당한다.

그렇게 되면 그 누구도 언감생심 입을 열 수 없게 되고, 사람들은 생각을 멈추고 행동을 멈출 수밖에 없는 처지로 몰리게 된다. 감시와 견제라는 사회적 기능이 마비되는 결과를 초래한다.

음모론의 의미가 변질된 것처럼 가짜뉴스의 의미도 바뀌었다. 이제 가짜뉴스는 단순히 내 맘에 들지 않는 뉴스가 되어버린 것이다. 이 또한 민주주의의 오작동에 기여하는 것이다. 음모론-2와 가짜뉴스-2는 원래의 통상적인 음모론과 가짜뉴스라는 개념을 위기에 빠뜨린다.

이렇게 말의 의미가 바뀌는 것은 그 사회의 '집단적 이야기 collective narration'가 변화하고 있다는 조짐이다.

이것은 개별적인 이야기들의 근거가 되는 배경을 의미한다. 바로 이때가 죠지 오웰이 《1984년》에서 말하는 '새언어new speech'가 탄생하는 순간이다.

인간의 정신과 육체를 고문하는 부서는 '애정부', 역사를 왜곡하는 부서는 '진리부', 전쟁담당 부서는 '평화부' 등이 그 사례이다. 이미 2500여 년 전에 공자는 "必也正名乎반드시 이름을 바로잡겠다"는 탁월한 통찰을 했다. 언어의 부패는 사회가 부패하는 전조라고 보았던 것이다. 우리나라의 작금의 현실은 어떠한가?

4. 기회비용의 무시
금광에서 돌멩이만 줍고 있다

우리의 삶은 일상적으로 크거나 작거나 간에 선택과 결정을 해야 하는 과정이다. 그런데 어떤 선택을 하더라도 반드시 고려할 사항이 있는 바, 그것은 기회비용opportunity cost이다. 어떤 경제행위를 선택했을 경우, 이 선택의 경제적 효용을 평가하기 위해서는 다른 선택을 했을 경우 기대할 수 있는 효용과 비교할 필요가 있다.

기회비용이란 여러 대안들 중 하나의 대안을 선택할 때, 선택하지 않은 대안들 중 가장 좋은 대안의 가치를 말한다. 고교 졸업 후 대학에 진학한 학생의 경우를 예로 들어 보자. 이 학생의 기회비용은 대학 교육에 소요되는 비용명시적 비용과 취업을 포기한 결과로 발생하는 금전적 손실암묵적 비용의 합이 된다.

경제적 행위에서는 선택의 대가로 지불해야 하는 기회비용이 반드시 발생한다. 이것이 "공짜 점심은 없다"는 말의 진정한 의미이다.

우리 사회가 지불해야 하는 기회비용은 그야말로 천문학적이다. 금방 떠오르는 것이 저질 코미디와 막장 드라마이다. TV를 켤 마음이 나지 않는 것이 대부분이 먹고 마시고 잡담하는 오락프로먹방, 놀프로, 락프로라서 도무지 보고 배우는 바가 없기 때문이라고 생각하는 사람이 많다. 이런 저질 프로들의 기회비용은 이런 프로들을 만드는데 투입된 막대한 비용과 건전한 교양 프로그램이 제공하는 공익성public interest의 희생이다.

이보다 더 심각한 것이 사회갈등이념, 세대, 지역, 공공정책 목표 간 갈등이다. 모든 갈등은 비용이다. 제대로 관리된 갈등은 국가 발전의 동력으로 작용할 수 있지만, 그렇지 못한 갈등은 막대한 사회적 비용이 된다. 좀 오래된 통계이긴 하지만 2013년 삼성경제연구소의 조사에 의하면, 한국 사회의 갈등비용= 기회비용은 82~246조 원에 이른다고 한다. 하늘은 스스로 돕는 자를 돕는다고 했다. 스스로를 해치는 우리 사회의 결말은 어떠하겠는가?

다른 한편, 화석연료 이용에 대한 기회비용은 우리의 상상을 초월한다. 화석연료석탄, 기름, 천연가스, 바이오메스를 태울 때 수많은 종류의 가스와 입자들이 공기 중에 살포된다. 그중 일부는 기후 변화를 가

속시키거나 인체에 악영향을 미친다. 이때의 기회비용은 사회 전체가 지불해야 할 의료비용과 생산성 감소, 경제 성장 저하, 그리고 무엇보다도 생태계 복구비용이 될 것이다.

기회비용의 문제는 엄청난 자료와 수치가 요구되기 때문에 한 개인이 연구하기에는 벅찬 주제다. 제대로 된 국책연구소가 매달릴 가치가 충분한 주제다. 분명한 것은 기회비용을 무시하는 개인이나 사회는 반드시 혹독한 대가를 치러야 할 것이라는 사실이다. 시시한 것에 초점을 맞추면 좋은 삶을 허비하게 된다.

두 수인이 같은 창살 너머로 창밖을 내다보았다. 한 사람은 진흙탕을, 다른 한 사람은 별들을 보았다.

진흙탕을 보는 죄수는 엄청난 기회비용을 치루고 있다. 너무 억울하지 않은가!

맺는말

　　행동경제학의 위상을 이해하기 위해 도움이 될 만한 유익한 유추를 한 가지 들어 보고자 한다.

　현대 '언어학의 아버지'라 불리는 소쉬르[1]는 언어활동$_{language}$을 랑그$_{langue}$[2]와 빠롤$_{parole}$[3]로 구분하였다. 랑그는 언어의 사회적이고 체계적인 측면을 가리키고, 빠롤은 개인적이고 구체적인 실제 발화 행위를 가리킨다. 다양한 빠롤을 가능케 하는 것이 랑그인데, 랑그란 다름 아닌 문법$_{grammar}$과 어휘, 즉 사전을 의미한다고 보면 무난하다. 소쉬르는 언어학의 연구대상을 랑그로 제한하고 빠롤을

1　Ferdinand de Saussure(1857~1913), 스위스의 언어학자로 구조주의 언어학과, 미국의 논리학자, 퍼스(Charle Sanders Peirce, 1839~1914)와 더불어 현대 기호학의 창시자.

2　언어체계 또는 규칙의 체계를 의미한다.

3　개인의 구체적인 언어 행위 즉 '말'을 뜻한다.

제외시켰다. 빠롤은 개인마다 천차만별이기 때문에 이를 체계화
하는 일은 어렵다고 보았기 때문이다.

이런 견해는 언어학이 학문으로서의 정체성을 획득하는 단계
에서는 방법론적으로 타당하였고, 이후 이 학문의 발전에 결정적
기여를 하였다. 오늘날에도 대학 강단에서 그의 이론은 가장 비
중 있게 다루어진다.

그러나 비트겐슈타인[4]과 더불어 일상언어[5]에 대한 관심이 제고
되고, 특히 화용론[6]의 등장은 더 이상 소쉬르의 견해를 지지하지
않는다. 그는 화용론을 50년 지체시켰다는 비판을 받기에 이른
다.[7]

여기에서 소쉬르를 등장시킨 이유는 랑그와 빠롤의 관계가 주
류경제학과 행동경제학의 관계와 정확하게 대응하기 때문이다.
랑그는 주류경제학에, 빠롤은 행동경제학에 대응한다. 대니얼 카

---

[4] L. J. J. Wittgenstein(1889~1951), 논리실증주의와 일상언어학파에 지대한 영향을 끼친 20세기 가장 위대한 오스트리아 철학자. 그는 수리논리학과 화용론의 발전에 결정적으로 기여했다. "내가 아는 천재들 중에서 아마도 가장 완전히 전통적 천재관에 부합되는, 열정적이고 심오하며 강렬하고 지배적인 천재의 예."(러셀의 비트겐슈타인 평)

[5] 실생활에서 사용하는 구어(口語)로서 문학 언어나 글로 표현되는 문어(文語)와는 달리 자연스러우며 주로 의사소통을 목적으로 한다.

[6] 의미론이 언어내적 의미의 연구라면, 화용론은 언어외적 의미에 대한 연구이다. 그래서 화자(speaker), 청자(listener), 시간(time), 장소(place) 등으로 구성되는 대화의 상황(situation)과 관련하여 '보이지 않는 의미'나 화자의 의도(intention)를 분석하는 연구 분야이다.

[7] 유럽의 학자들은 "아리스토텔레스를 죽여야 한다"는 말을 심심치 않게 한다. 아니 학문의 아버지를 죽여야 한다니? 이 말을 이해하려면 거목은 그림자도 크다는 사실을 상기해야 한다.

너머이 한 일이 바로 주류경제학의 '경제인 가설Homo Economicus'에 의문부호를 붙인 것이다.

경제인 가설에 의하면, 인간은 경제적 이익의 극대화를 추구하며, 이를 위해 감정에 휘둘리지 않고 이성적인 선택과 합리적인 결정을 내리는 존재라는 것이다.[8] 그런데 실제 사람들의 행동유형을 관찰해 보니 이 가설은 현실과 상당히 괴리가 있다는 사실이 드러났다. 사람들은 합리적이라고는 할 수 없는 엉뚱한 행동과 착각을 흔하게 저지른다는 것이다. 고전적 '경제인'과 현실 속의 인간의 차이는 이제 자연스럽게 받아들여지는 추세이다.

경제인 가설은 이론적 모델에 지나지 않으며, 현실의 인간은 이성은 가졌으나 다른 한편 왜곡된 시각도 가진, 그래서 제한된 합리성을 가진 존재로 보는 것이다. 행동경제학은 이를테면 '경제학의 화용론'이라고 볼 수 있다.

'인간의 얼굴을 가진 경제학'의 전제는, 인간은 철저히 합리적이고 이성적인 존재가 아니라 직관과 본능, 그리고 감정에 따라 움직이는 존재라는 사실이다. 당연한 사실이지만 이제까지 주류경제학이 외면했던 탓에 무시되어 왔을 뿐이다.

인간은 생각하기를 싫어한다. 직관적인 문제해결 방식은 신속

---

8   참고로, 로빈손 크루소는 무인도에서 제한된 자원을 효율적으로 이용하는 합리적 경제인을 대표하는 인물이다.

하고 자연발생적이어서 힘이 들지 않는다. 그러나 합리적인 문제 해결 방식은 숙고해야 하므로 많은 에너지를 필요로 해서 무의식적으로 회피하려는 경향이 있다. 현상을 지각하고 판단할 때 그리고 어떤 결정을 내리거나 다양한 옵션 중에서 하나를 선택할 때 가능하면 노력을 덜 들이면서 결론에 이르려고 한다. 그래서 각종 편향이 생기는 것이다.

버트런드 러셀은 《상대성이론의 ABC$_{1925}$》에서 통렬하게 말한다. "우리들은 모두 세상을 자신의 선입관에 맞춰 생각하는 경향이 있습니다. 그와 상반되는 관점은 필연적으로 생각하는 수고로움을 동반하고, 대부분의 사람들은 생각하느니 차라리 죽는 것을 선택할 것입니다. 그리고 실제로 그렇게 하지요."[9]

왜 그러한가? 뇌는 체중의 2%에 불과하지만 전체 에너지의 20%를 소비한다. 이렇게 에너지 소비량이 많다 보니 뇌는 에너지를 아주 절약해서 써야 한다. 이것이 바로 아이들이 공부하기 싫어하는 이유이자, 어른들 또한 숙고와 성찰을 기피하는 이유이다. 뇌의 이러한 특성을 알고 있음에도 불구하고 이에 대한 대비책 연구가 소홀하지는 않았는지 감히 추궁하지 않을 수 없다.

---

[9]   "We all have a tendency to think that the world must confirm to our prejudices. The opposite view involves some effort of thought, and most people would die sooner than think— in fact they do so."

인간은 일생 동안 뇌의 10% 밖에 쓰지 않는다고 하지 않는가. 파충류의 뇌, 포유류의 뇌, 그리고 영장류의 뇌[10] 중에서 영장류의 뇌를 쓰는 비율이 그렇다는 것이다.

직관에 따라 작동되는 자동시스템을 숙고시스템으로 전환해서 보다 현명한 선택과 판단을 하자는 것이 행동경제학의 알파와 오메가이다. 중대한 결정을 할 때에는 자신의 제한된 경험이나 기분에 의해 판단해서는 안 되고, 이성에 근거해야 된다는 말이다. 그런데 인간은 정신적 안일함을 추구하는 경향이 농후해서 올바른 판단을 하는데 필요한 충분한 집중을 하려고 들지 않는다는 데에 문제가 있다. 사람들은 무언가를 믿을 때 논리적 추론에 의지하지 않는다. 익숙한 것을 쫓거나, 자신의 편견 내지 선입관에 따라서 자신의 믿음과 다른 것을 거부한다. 이미 자신이 선택한 것에 구속당한다는 말이다.

인간이란 '초포식자_super-predators'는 만물의 영장이면서도 역설적으로 과거의 실수를 반복하는 데서도 뛰어난 기량을 발휘한다. 이것이 우리가 다양한 편향들을 살펴보아야 할 소이_所以다.

—

[10] 파충류의 뇌는 생존에 직접 필요한 영역을 관장하고, 포유류의 뇌는 감정 조절을 담당한다. 신피질로 되어 있는 영장류의 뇌가 인간을 인간답게 만드는 뇌이다. 감정은 원시적인 것이어서 감정에 즉각 반응하면 후회할 행동이나 말을 하기 십상이다. 영장류의 뇌가 이런 감정을 알아차려서(mindful) 적절한 방향으로 물꼬를 터 주어야 한다.

우리가 〈제1, 2장〉에서 살펴본 것은 인간의 인지적 틀 속에 자신도 분명하게 의식하지 못하는 여러 가지 편향bias들이다. 이런 편향들을 아는 것과 모르는 것은 우리의 행동 패턴에 지대한 영향을 미칠 것이다.

자신이 어떤 편향에 빠져있는지 모르는 '인지적편향'에 대한 무지를 맹점오류Blind-spot error라고 한다. 사람들은 보통 자신이 알고 있는 것이 정확하고 올바르다고 가정하고 행동한다. 충분히 이해되는 가정이다. 그 때문에 자신의 앎에 대해서 의문을 제기하지 않는 것이 습관화되었다. 그러다 어느날 평소에 세심하게 검토하지 않은 채 인정한 믿음을 뒤흔드는 사태에 처하게 된다.

이런 일을 당해 보지 않은 사람이 있을까? 자신의 관점이나 견해인생관 내지 세계관에 끊임없이 의문을 제기하는 사람은, 세상은 자신이 파악한 것보다 훨씬 더 복잡하다는 진실을 인정하지 않을 수 없다. 그러니 이는 엄청난 노력을 필요로 하는지라 대부분 엄두도 내지 못한다.

—

〈제3장〉은 개인의 행동양식과 사회의 메카니즘을 이해하는데 유익한 각종 효과effect들에 관한 것이었다.

예를 들어, 부화뇌동하는 경향이 있는 사람은 자신이 포로효과의 포로라는 사실을 깨닫게 될 것이다.

—

　〈제4장〉은 행동경제학을 넘어 동서고금을 막론하고 사람들이 흔히 간과하는 오류들에 관한 매우 중요한 주제들을 다루었다.

　어리석은 사람일수록 문제의 원인을 잘 파악하지 못하기 때문에 엉뚱한 일을 원인으로 오해해서 원망을 퍼붓는다. 우리가 살면서 겪게 되는 수많은 불행과 다툼은, 알고 보면 인과관계에 대한 무지에서 비롯된 경우가 허다하다. 행동의 결과를 미리 예측하고 행동하는 사람은 이 세상에 아무도 없다. 인생살이가 그렇게도 힘든 이유다. 그래서 지혜가 절실히 필요한 거다.

　지혜는 지식과는 아무런 관계도 없는 듯하다. 예수나 부처를 위시하여 인류의 스승들은 학교를 다닌 적도 무슨 학위를 취득한 적도 없지 않은가.

—

　〈제5장〉은 우리나라, 특히 정치인들에게서 흔하게 볼 수 있는 오류들을 검토하였다. 이들을 '한국병'이라 칭한 것은, 이런 '병'을 치유하지 않고서는 선진국의 문턱에 결코 진입할 수 없을 것이라는 절실한 바람에서이다.

　요즘은 먹고 사는데도 버거운 평범한 국민들이 나라 걱정을 하는 세상이다. 그도 그럴 것이 나라 살림을 책임진 국회나 정부에서의 토론 기술이 혈거시대에 서로 으르렁거리고 고함치던 수준에서 거의 나아진 것이 없기 때문이다. 고래 싸움에 새우등 터진다더니 애꿎은 국민들만 괴롭다.

한국병 중에서도 '가짜뉴스'는 병 중의 병이다. "허위사실은 날개를 단 것처럼 빠르게 퍼지고, 진실은 그 후에 절뚝거리며 온다"는 조나단 스위프트의 경고는 오늘날 그 어느 때보다 귀담아 들어야 할 말이다.

앞으로 다가올 총선, 대선에서는 결코 이런 구태가 반복되어서는 안되겠다. 정정당당하게 페어플레이를 해서 '승자의 저주'가 내리지 않기를 바란다.

소크라테스는 일찍이 경고하였다. "자신이 하고 싶은 대로 할 수 있는 권력을 가진 사람이 항해에 대해 무지하거나 항해 기술이 없다면 그 배에 무슨 일이 일어날지 아는가?"[11] 한 시대를 풍미했던 고 김종필옹은 명언을 남겼다. "정치는 허업虛業이다."

무리한 요구이겠지만 정치인들이 공자의 자절사子絶四[12]를 실천하려고 노력하는 사람들에게 조금이라도 근접하기를 기대한다.

헨리 조지는 "민주주의 형식이 갖춰진 곳에서도 다른 정치체제에서처럼 독재와 실정이 자행될 수 있다. 사실 형식적 민주주의는

---

11 플라톤, 알키비아데스 I.

12 자절사 : 무의(無意), 무필(無必), 무고(無固), 무아(無我) – 논어 자한 (子罕)편. 공자께서 네 가지 일을 절대 하지 않았는데, '무의, 무필, 무고, 무아'이다. 즉 자기 마음대로 결정하지 않고, 꼭 그래야 된다고 하지 않으며, 고집 부리지 않고, 자신을 내세우지 않았다.

가장 쉽게 독재와 실정으로 전락한다"고 경고하였다. 이 말은 진실이다. 성인聖人이 아닌 이상 인간은 어쩔 수 없이 공익보다는 사익을 추구하기 마련이기 때문이다. 삼권분립은 인간을 믿을 수 없기 때문에 고안된 제도라고 한다.

선거제 민주주의를 지탱하는 것은 승자가 패자보다 더 훌륭한 사람일 것이라는 근본적인 가정이다. 이 가정은 검증의 시험대를 통과한 가정인가? 실례를 들지는 않겠지만 이 가정은 여러 사례를 통하여 어렵지 않게 반박될 수 있다. 다만 승자는 자기주장을 잘하고 그래서 표를 모으는 기술에 있어 남다른 재주가 있다는 점은 인정된다. 그런데 국민이 진정 원하는 대표가 고작 '말 잘 하는 사람'인가?

저자들은 선거제 민주주의가 그 자연수명을 다했다고 믿는 소수의 사람 중 하나이다. 옳고 그름을 따지는 것이 아니라 후보를 좋아하는지 싫어하는지 여부가 당선을 결정하기 때문이다. 선거는 민주주의의 충분조건은 커녕 필요조건조차도 못 된다고 하면 지나친 예단이라 할지도 모른다. 민주화라는 것이 권력투쟁의 도구가 되어버렸다. 《자유론》의 저자 밀J.S. Mill 같은 개방적인 정신의 소유자가 평등선거가 아닌 차등투표선거를 지지했다는 사실을 숙고해봐야 한다. 이는 부富가 아니라 능력이나 지식에 따른 것이어야 한다. 투표율은 보통 50% 언저리인 경우가 많다. 극단적인 경우, 51:49로 승패가 갈리는데 이것은 도토리 키 재기다. 만인을 만족시키겠다고 고안된 제도가 실은 국민의 절반을 불행한 느낌에 빠져들게 하는 어리석은 제도가 아닌가? 우리는 로또에 당첨된 사람 때문에 불행해하지는 않는다.

추첨 민주주의는 위기에 처한 선거제 민주주의의 폐단에 대한 고대 그리스식 처방이다. 여기에는 패자도 없을뿐더러 보통사람에 의한 사회라는 평등정신이 담겨 있다. 우리는 이를 적극 지지하며 우리 사회가 공론화하기를 염원한다.

이 책에서 다룬 여러 주제들은 개인의 삶에서부터 국가의 정책수립에 이르기까지 그 응용범위는 다양하기 이를데 없다고 본다. 각자의 형편에 따라 조금이라도 도움이 된다면 저자들이 세상에 진 빚을 일부나마 갚는 일이 될 것이다.

부록 1. 다수결 민주주의의 위기 _이석연

'표풀리즘'은 표票와 포퓰리즘의 합성어로서, 확고한 가치관이나 정책의 합리성 등의 기준 없이 대중의 인기를 얻기 위해 정책을 펼치는 정치행태를 의미한다. 2차 세계대전 후 노동자층의 지지로 대통령이 된 아르헨티나의 페론Juan Perón 정권이 이런 정책으로 국가 경제를 파탄시킨 대표적 사례로 꼽힌다.[1]

그리스의 재정파탄2010년 EU와 IMF에 구제금융 요청도 복지 포퓰리즘의 결과라는 데에 전문가들의 견해가 일치된다. 퇴직연금이 은퇴 전의 95%에 이르고, 취업자 25%가 공무원이라니 국가 재정이 어찌 감

---

1 그 후에도 아르헨티나는 포퓰리즘 정책이 계속되면서 반복적으로 심각한 경제위기를 겪었다. 2015년 12월에 당선된 마우리시오 마크리(Mauricio Macri) 대통령의 개혁이 시작되자, 거대 노조가 드세게 반발하고 지지율은 하락했다. 한 번 포퓰리즘에 맛들이면 마약과 같아서 헤어나기가 어려운 법이다.

당할 수 있었겠는가.

진정한 민주주의의 근본 전제는 '계몽된' 시민이다. 눈앞의 이익에 이끌려 올바른 판단력을 상실한 대중에 의해 좌지우지되는 정치를 중우정치衆愚政治, ochlocracy라고 한다. 우리가 보기에 석유 부국 베네수엘라의 몰락은 중우정치의 전형이다. 유엔이주민기구IOM 발표에 따르면, 2014년 이후 생존을 위해 베네수엘라를 떠난 난민 수가 240만 명을 넘었다고 한다. 전체인구 3,100만 명의 7.7%에 해당하는 숫자다.

이렇듯 오늘날 포퓰리즘은 전 세계적으로 민주주의를 위협하고 있다. 우리나라도 포퓰리즘으로부터 자유롭지 못하다. 잘못되면 베네수엘라산유국 국민들이 겪은 것보다 훨씬 더 끔찍한 고통을 겪을지도 모른다. 표퓰리즘 때문에 민주주의는 시나브로 사회주의화 되어간다는 위험을 분명하게 인식해야 할 것이다.

흔히 선거를 '민주주의의 꽃'이라고 부르지만, 선거와 투표는 민주주의의 외양일 뿐 민주주의를 보장하지 못한다. 왜 그러한가?

대의민주주의representative democracy는 이상적인 유권자ideal voters는 아니더라도 최소한 정치 현안을 정확하게 이해하는 합리적 유권자 rational voters를 전제하는데, 현실은 전혀 그렇지 못하다는 것이다.

미국의 탁월한 평론가인 월터 리프먼1889-1974은 이미 《허깨비 대 중The phantom public, 1925》에서 합리적이고 교양 있는 대중이라는 환상을 여지없이 박살낸다. 민주주의는 구성원들이 편협한 이해관계를 넘어 판단할 수 있을 때 제대로 작동한다. 심지어 가짜뉴스를 제조하고 거기에 쉽게 넘어가는 것이 오늘의 현실이다. 거기에 지역감정이 개입하면 우리나라에서 과연 민주주의가 가능한지조차 회의하지 않을 수 없게 된다.

일찍이 루소는 "국민은 선거 날만 주인이고, 선거만 끝나면 다시 노예로 돌아간다"고 갈파한 바 있다. 왜 그러한가? 그 이유는 일단 당선되고 나면 무엇이든 맘먹은 대로 할 수 있다는, 해도 된다는 터무니없는 생각에 빠져 있기 때문이다. 선출된 권력은 만능인가? 답부터 말하자면 결코 그렇지 않다. 개인이나 어떤 기관이 막강한 힘을 가지고 있을 때, 그 힘을 어떻게 사용해야 하는지 잘 모른다는 사례를 역사는 반복적으로 보여주었다. 힘이 너무 세고 거기에 분별력이 결여될 때 그 힘은 자주 재난으로 나타났다.

일찍이 토크빌은 《미국의 민주주의》에서 '다수의 횡포Tyranny of majority'에 대해 우려를 표명한 바 있다. 실상 다수결의 원리는 행동의 필요성에 의한 것이지, 다수의 결정이 반드시 옳아서가 아니다. 결과는 훨씬 나중에 열매를 보고나서야 알 수 있는 것이다. 왜 그러한가? 진리는 다수와 소수의 문제가 아니기 때문이다.

진리는 투표에 의해 결정되지 않는다. 온 세상이 다 천동설을 믿고 있을 때 오직 갈릴레오 한 사람만이 "그래도 지구는 돈다"고 했다. 소크라테스도 다수결에 의해 독배를 들었다. 다수가 겸손해야 할 소이所以이다. 다수의 횡포의 뚜렷한 특징은 이견異見을 용납하지 않는 것이다. 칼 포퍼는《열린 사회와 그 적들》에서 비판을 허용하고 수용하는 사회가 합리적인 사회이며 '열린 사회'라고 하였다. 비판에 재갈을 물릴 수는 없는 노릇이다.

일찍이 원효 스님은 한 쪽 바퀴가 부서지면 수레는 구르지 못하고, 한 쪽 날개를 다친 새는 날지 못한다고 하였다. 이것이 그 유명한 화쟁이론의 요체다. 그렇다, 새는 양 날개로 난다. 진보나 보수는 적과 동지, 선과 악이 아니라 나라를 위해 모두 소중하다. 사회의 질서와 안정을 위해 보수는 소중하고, 개혁을 위해 진보도 소중하다. 이런 현상은 인간 언어에서도 나타나는데, 언어는 보수적문법인 동시에 진보적음성과 의미의 변화이다.

민주적 지도자의 첫 번째 덕목은 국민통합에 있다. 그 어떤 국정과제보다 단연 가장 중요하다. 프랑스 국민이 가장 사랑하는 헨리4세는 국왕 즉위 연설에서 "프랑스의 국왕은 그가 공작 시절에 받은 모욕을 복수하는 자리가 아니다"라고 선언함으로서 불안에 떨던 정적들을 단숨에 친구로 만들었다. 지도자의 두 번째 덕목은 확증편향conformation bias[2]을 충분히 경계하는 데에 있다.

---

2 다시 한 번 더 설명하자면, 자신의 믿음과 일치하는 정보는 받아들이고, 그렇지 않은 정보는 공기를 보듯 무시하는 경향을 말한다. 요컨대 보고 싶은 것만 보고, 듣고 싶은 것만 듣는 경향.

다시 반복하거니와 동서고금을 막론하고 수많은 정부와 기업, 군 사령관, 지도자들이 확증편향에 빠져 어처구니없는 실수들을 저질러왔다.

확증편향이 가장 심한 곳이 진영논리로 나타나는 정치판이다. 진영논리는 확증편향과 결합해서 부정적 시너지 효과를 낳는데 이는 상대를 적으로 취급하고 악마화 하는 '전체주의적 언어'로 나타난다. 성공한 지도자들은 자기와는 다른 관점을 주의 깊게 듣고, 다른 사람의 생각과 감정을 헤아리는 '감정이입적' 경청의 달인들이었다.

본시 성공과 실패는 공액共軛, 켤레관계에 있다. 성공이 식탁에서 만찬을 즐기고 있을 때, 실패는 침대에서 기다리고 있다는 말이다. 압도적 승리의 기쁨 뒤에 올 일을 생각해야 할 것이다.

'승자의 저주'는 여기에서도 대기하고 있다. 세상사가 얼마나 허망하고 운명의 여신이 얼마나 변덕스러운지를 안다면 마땅히 겸손할 일이다.

서로의 차이를 인정하고 의견의 다양성을 존중하기 위해서 지도자는 배중율A or B이 아니라 함중률A and B을 따르는 것이 바람직할 것이다. 양자역학의 아버지로 통하는 닐스 보어는 "참의 반대말은 거짓이다. 하지만 심오한 진리의 반대말은 또 다른 심오한 진리일지도 모른다"고 말하였다.

진보와 보수를 모순관계가 아니라 상보적 관계complementarity로 이해하고 실천한다면 한국의 정치가 업그레이드 될 것이다. 내부패거리The Inner Ring[3]의 논리에 휘둘러서는 안 되겠다는 뜻이다. 《Know It All Society우리는 맞고 너희는 틀렸다, 성원 옮김, 메디치, 2020》의 저자 마이클 린치는 현재의 미국을 '노우 잇 올know it all 사회'라고 진단하는데 한국사회의 경우 그 보다 더 심하면 심했지 덜 하지는 않을 것이다.

히틀러도 합법적인 선거에 의해 선출된 자라는 사실을 잊어서는 안 된다. 그래서 우리는 진지하게 대안을 오랜 동안 모색해 왔다. 지금의 선거제도에 대한 대안은 무엇인가? 선거제 민주주의에 대한 대안代案은 없는가? 세 가지를 제시하고자 한다.

고대 그리스인들의 지혜 '추첨제'

민주주의의 발원지는 고대 그리스를 꼽는다. 그리스 민주주의가 선거를 통한 민주주의로 생각하기 쉬운데, 사실은 그렇지 않다. 그들은 행정, 입법, 사법 등 권력기관의 대표자들을 추첨, 즉 제비뽑기로 뽑았다. 만약 무능력자나 부도덕한 자가 운 좋게 추첨

---

3 C.S. Lewis(1898—1963)의 용어. 특권층의 배타적인 아성을 의미한다. 「영광의 무게(홍종택 옮김, 홍성사, 2019)」에 소개된 시비(是非)를 따지지 않고 같은 무리끼리는 서로 돕고 그렇지 않은 무리는 배척하는 당동벌이(黨同伐異)와 유사함.

된다면? 그들은 이에 대한 예방책을 다 마련해 두었다.

추첨이 끝나더라도 체납 경력은 없는지, 군복무는 마쳤는지 등 자격심사를 거쳤다. 그리고 600명을 뽑는 행정관의 예를 들자면, 이들의 임기는 1년이고, 연임은 불가능했다. 행정관은 민회ekklesia[4] 와 배심원단[5]의 견제와 감시를 받았고, 임기가 끝나면 결산 보고서를 제출해야 했다. 시민들은 이런 사실을 잘 알기 때문에 직무 수행에 자신이 없는 사람은 추천에 나서지 않았다.

이와 같은 역사적 사실은 우리에게 선거에 대한 고정관념을 불식시키는 새로운 지평을 열어 준다. 이런 훌륭한 제도를 왜 도입하지 않았는지 이상할 정도다. 그리스의 추첨제 민주주의는 몽테스키외[6]의 말처럼 아무도 상처받지 않는다.

보통사람은 누구라도 뽑힐 수 있으므로 이보다 더 평등의 정신을 구현하는 제도는 없을 것이다. 선거제 민주주의는 현대판 신화 내지 종교적 환상이라고 우리는 생각한다. 인류는 다만 아직까지 더 나은 체제를 찾아내지 못해 어쩔 수 없이 쓰고 있는 방편일 뿐이다. '승자독식A winner takes all'의 한국 정치에 경종을 울리지 않는가.

---

4   시민들의 대표 기구로서 500명으로 구성되어 있으며, 이들 역시 추첨으로 뽑았다.

5   배심원제는 아테네의 법정이다. 행정단위인 10개 부족에서 각 600명씩 추첨해 선발된 6,000명이 배심원단을 구성한다.

6   Montesqieu (1689~1755), 프랑스의 계몽 사상가. 《법의 정신》에서 삼권분립을 주창함.

승인 투표제

1978년 웨버R. J. Weber가 제안한 선거법으로, 유권자는 자신이 원하는 모든 후보에게 표를 던질 수 있다.

복수선택이 가능한 투표제도다. 각 후보들에 대해 승인할지 말지를 O/X로 표시하는 방식이다. 갑, 을, 병 세 후보자에게 유권자 A, B, C, D, E, F가 각각 다음과 같이 투표를 했다고 하자.

	A	B	C	D	E	F
갑	○	○		○	○	○
을	○		○		○	
병		○		○	○	

5표를 얻은 갑이 승리한다. 결국 이 제도는 반대자가 적은 사람이 당선되게 마련이다.

이 투표제도는 교황을 선출할 때, 유엔 사무총장을 선출할 때, 그리고 미국 수학회 임원들을 선출할 때 사용되는 제도라고 한다. 우리나라 현행 투표제도보다는 한결 낫지 않은가.

포퓰리즘은 마약 중독이다. 성인군자가 아닌 이상 후보자들은 이로부터 결코 자유스러울 수가 없다. 민주주의의 최대의 적이다. 득표에 능한 자가 득세하게 마련인 작금의 선거제도는 어떤 방식으로든 반드시 개선되어야 한다. 이에 대한 공론화가 시급하다고 우리는 생각한다.

● 결선투표제

끝으로 대선과 총선에서 '결선투표제'의 도입을 강하게 주장한다. 1차 투표에서 전체 유효투표수의 과반수를 득표한 후보는 당선이 확정된다. 그렇지 않은 경우, 득표순으로 상위 후보 두 명을 대상으로 다시 2차 투표, 즉 결선투표를 실시하여 당선자를 결정하는 투표제이다. 이상하게도 우리나라에서는 아직도 이 제도를 채택하고 있지 않은데, 이로써 국민들이 겪는 스트레스는 이루 말할 수 없을 정도이다. 결선투표제는 국민통합의 차원에서 당선자의 대표성을 확보할 수 있다는 크나큰 장점이 있다.(다만 대선에서의 결선투표제의 도입은 개헌을 전제로 한다.)

부록 2. 우리는 왜 사물을 있는 그대로 보지 못하는가? _정계섭

　　　　　우리는 이 문제를 색미와 식미 두 가지 차원에서 살펴보고자 한다.

　불교에서는 몸을 색色이라고 한다. 몸에서 '세계로 난 창'인 다섯 가지 감각기관눈, 귀, 코, 입, 피부이 외부세계빛, 소리, 냄새, 맛, 접촉를 만나면서 인간은 세계를 파악한다. 외부세계와 만물萬物도 색이다.

　각각의 감각기관은 아름다운 것, 듣기 좋은 것, 향기로운 것, 맛있는 것 그리고 부드러운 것을 추구하는데, "욕망은 실로 그 빛깔이 감미로와서"수타니파타 지나치게 갈망하고 집착하는 데에서 사달이 난다. 비근한 예로 사람들은 끊임없이 맛의 유혹에 시달린다. 그리고 어떤 이는 평생을 자신의 두 눈에 속고 살아왔다고 개탄해 마지않는다.

그래서 불교에서는 흔히 '다섯 도둑'이라는 비유를 드는데, 색을 좋아하는 것은 실은 괴로움을 좋아하는 꼴이기 때문이다. 왜 그러한가? 대상의 빛과 소리에 홀린 나머지 정작 대상 자체를 놓쳐버리기 때문이다. 말하자면 코브라의 꼬리를 잡고 있는 줄도 모르고 욕망의 세계에서 헤매고 있다는 말이다. 이를 색미色迷라고한다. 색미에 빠져있을 때, 즉 다섯 도둑에 사로잡혀 있을 때, 마치 캄캄한 어둠 속을 헤매는 형국이어서 이런 상태에서는 올바른 견해가 나올 수 없어 반드시 불행에 빠지게 된다. 갈망과 집착은 정신을 약화시킨다. 유감스럽게도 요즘의 TV는 색미를 부채질하는데 여념이 없는 것 같다. 진부한 감탄과 상투적 표현, 억지웃음을 강요하는 잡담 프로그램이 어찌도 그리 난무하는지 방송심의위원회 있는지, 있다면 무엇을 하는지 모르겠다.

다음으로, 사람들은 멋대로 떠오르는 자기의 생각을 당연시하고 의문을 품지 않는다. 그래서 자신의 생각에 자신이 속는다는 사실을 잘 모르고 있다. 그 결과, 사람들은 보통 다른 사람의 말을 잘 이해하지 못한다. 무슨 말을 해도 자신의 주관으로만 해석하기 때문이다. 편견과 선입견으로부터 자유스러운 사람은 무척 드물기 때문이다. 또한 주위 사람들을 '있는 그대로' 보지 못한다. 어떤 사람의 일면만 보고 "이 친구 형편없군!"이라고 쉽게 단정하는 경향이 농후하다. 이렇듯 편견과 어설픈 경험에서 비롯된 선입견으로 인해 자기 생각에 자기가 속는 것을 식미識迷라고 한다. 이 것은 개인적으로나 사회적으로 위험하다.

사람들은 신념을 위해 목숨을 바친 이들을 존경한다. 하지만 그것이 만일 잘못된 신념이라면? 확신에 따른 행동이 차후에 왜곡된 사실과 맹신에 의한 어리석은 짓으로 밝혀진 사례로 역사는 차고 넘친다. 중세의 마녀사냥, 히틀러의 홀로코스트유대인대학살, 중공 문화혁명의 만행, 무고한 시민을 대상으로 테러를 자행하는 전사들은 모두 잘못된 신념으로 인류에 해를 끼친 사례들이다. 사물이나 현상의 본질을 제대로 보지 못하고 주관적으로 판단해서 생겨난 잘못된 신념은 잘못된 행동으로 이어져 세상에 피해를 입힌다. 역사상 수많은 전쟁은 예외 없이 정치지도자들이 식미에 빠진 결과라고 보아도 지나치지 않을 것이다.

색미와 식미가 전도몽상顚倒夢想을 낳는다. 앞뒤가 뒤바뀐 꿈같은 생각이다. 인간은 밤에만 꿈을 꾸지 않는다. 벌건 대낮에도 꿈을 꾼다. 면도칼에 묻어 있는 꿀을 탐하는 것처럼, 잘못된 곳에서 행복을 찾으려는 끝없는 시도 때문에 고통을 자초한다.

유감스럽게도 지도급 인사라고 자처하는 사람들의 입에서 망언을 자주 목격하게 되는데 바로 전도몽상에 빠져있기 때문이다.

《로마인 이야기》 저자 시오노 나나미는 신문 인터뷰에서 "생각나는 대로 말하는 사람은 지도자가 돼선 안 된다"고 단언했다. 정치지도자들이 전도몽상에 빠져있다면 그런 사회나 국가의 미래는 암울할 수밖에 없을 것이다. 앞에서도 말했듯이 왜곡된 사실에 기초한 잘못된 믿음은 반드시 불행한 결과를 초래한다.

올바른 행동, 올바른 결정을 하기 위해서는 여실지견如實智見, 사물이나 현상을 있는 그대로 보아야 한다. 대체로 우리는 사물을 순수하게 지각하지 않고, 식미와 색미를 덧씌워서 보기 때문에 참모습을 보지 못한다. 영어에서 '보다see'는 '이해하다understand'와 같은 뜻으로 쓰이므로 잘못 본다는 것은 잘못 이해한다는 말이다.

"사물 자체로!"를 구호로 삼는 현상학現象學은 여실지견의 중요성을 인식한 학문이다. 여실지견의 안목으로 볼 때 풀 한 포기도 태양과 바람, 물, 흙 등 전 우주와 연관되어 있다는 사실을 알게 된다. 사실은 곧 진리다. 그러나 '사실'은 꾸며진 사실인 경우가 많다. '날조된 사건'이 양산되는 사회는 오히려 혈거시대만도 못하다. 나의 믿음이 올바른 사실에 기초한 것인지, 내가 사물과 현상을 올바르게 보고 있는지, 전도몽상이 아니라 여실지견하고 있는지 두렵게 자문해야 할 것이다.